Félix Lope de Vega y Carpio

Noche de San Juan

Barcelona 2024
Linkgua-ediciones.com

Créditos

Título original: Noche de San Juan.

© 2024, Red ediciones S.L.

e-mail: info@linkgua.com

Diseño de cubierta: Michel Mallard.

ISBN tapa dura: 978-84-1126-214-9.
ISBN rústica: 978-84-9816-208-0.
ISBN ebook: 978-84-9897-741-7.

Sumario

Brevísima presentación

La vida

Félix Lope de Vega y Carpio (Madrid, 1562-Madrid, 1635). España.
Nació en una familia modesta, estudió con los jesuitas y no terminó la univer
sidad en Alcalá de Henares, parece que por asuntos amorosos. Tras su rup-
tura con Elena Osorio (Filis en sus poemas), su gran amor de juventud, Lope
escribió libelos contra la familia de ésta. Por ello fue procesado y desterrado
en 1588, año en que se casó con Isabel de Urbina (Belisa).
Pasó los dos primeros años en Valencia, y luego en Alba de Tormes, al servicio
del duque de Alba. En 1594, tras fallecer su esposa y su hija, fue perdonado y
volvió a Madrid. Allí tuvo una relación amorosa con una actriz, Micaela Luján
(Camila Lucinda) con la que tuvo mucha descendencia, hecho que no impidió
su segundo matrimonio, con Juana Guardo, del que nacieron dos hijos.
Entonces era uno de los autores más populares y aclamados de la Corte. En
1605 entró al servicio del duque de Sessa como secretario, aunque también
actuó como intermediario amoroso de éste. La desgracia marcó sus últimos
años: Marta de Nevares una de sus últimas amantes quedó ciega en 1625,
perdió la razón y murió en 1632. También murió su hijo Lope Félix. La soledad,
el sufrimiento, la enfermedad, o los problemas económicos no le impidieron
escribir.

Personajes

Don Juan
Don Luis
Don Pedro
Don Bernardo
Tello, gracioso
Octavio
Mendoza
Celio
Fabio
Leandro
Rodrigo
Leonardo
Don Alonso
Don Félix
Don Toribio
Alguaciles
Doña Leonor
Doña blanca
Inés, criada
Fenisa
Antonia, criada
Lucrecia

Jornada primera

Salen Doña Leonor, dama, e Inés, criada.

Leonor	No sé si podrás oír lo que no puedo callar.
Inés	Lo que tú supiste errar, ¿no lo sabré yo sufrir?
Leonor	Perdona el no haberte hablado, Inés, queriéndote bien.
Inés	Ya es favor de aquel desdén pesarte de haber callado.
Leonor	No me podrás dar alcance sin un romance hasta el fin.
Inés	Con achaques de latín, hablan muchos en romance.
Leonor	Las destemplanzas de amor no requieren consonancias.
Inés	Si sabes mis ignorancias, lo más claro es lo mejor.
Leonor	¿Tengo de decir, Inés, aquello de escucha?
Inés	No, porque si te escucho yo, necio advertimiento es.

Leonor   Vive un caballero indiano
enfrente de nuestra casa,
en aquellas rejas verdes,
cuando está en ellas, doradas.
Hombre airoso, limpio y cuerdo,
don Juan Hurtado se llama;
dijera mejor, pues hurta,
don Juan Ladrón, sin Guevara.
Éste, que mirando en ellas,
las tardes y las mañanas,
no curioso de pintura
los retratos de mi sala,
sino mi persona viva,
como papagayo en jaula
siempre estaba en el balcón
diciendo a todos: «¿Quién pasa?»
Debió de pasar amor,
que como el rey que va a caza
a las águilas se atreve,
cuanto y más a humildes garzas.
Parándose alguna vez,
preguntole cómo estaba;
respondió: «Como cautivo»,
y miraba mis ventanas.
De sus ojos y su voz
a mi labor apelaba;
mas pocas veces defienden
las almohadillas las almas.
Muchas, te confieso, amiga,
que los ojos levantaba
por ver si estaba a la reja,
que no por querer mirarla.
Di en cansarme si le vía,

¡oh, qué necia confianza!
que pesándome de verle,
de no verle me pesaba.
Dicen los que saben desto,
Inés, que el amor se causa
de unos espíritus vivos
que los ojos de quien ama
a los opuestos envían,
y como veneno abrasan
de aquellas sutiles venas
la sangre más delicada.
Por esta razón, los niños,
en los brazos de sus amas,
enferman de quien los mira,
aunque es la causa contraria;
que allí mira el niño amor,
pero aquí padece el alma,
que las niñas de los ojos
las de las almas retratan.
En la Vitoria una fiesta,
que en guerra de amor no falta
la vitoria a quien porfía
y más si está la esperanza
tan cerca del Buen Suceso
el tal indiano esperaba
que yo llegase a la pila;
llegué, y al tomar el agua,
como que hacía lo mismo
me echó un papel en la manga.
¿No te dije yo al principio
cómo Hurtado se llamaba?
¿Pues qué mayor sutileza
viniendo entre gente tanta?
Tomaba con una mano

el agua y con otra echaba
el papel, en que fue cierto
lo que dicen del que anda
entre la cruz y la pila.
Pasaron dos horas largas
mientras en la iglesia estuve,
donde, por más que rezaba
más al papel atendía
que a las imágenes santas.
Quise romperle mil veces,
y cuando ya le sacaba
parece que me decía:
«Señora, ¿por qué me rasgas?
¿Qué perderás en saber
cómo escriben a sus damas
los amantes?» Pero yo,
aunque con mudas palabras:
«No, traidor —le respondía—,
aquí morirás, que llamas
para papeles de amores
suelen ser manos honradas.»
Entre si le rasgo, o no
¡oh, cuánto yerra quien halla
luz para atajar principios
y los remedios dilata!
Comencé a rasgarle, y luego
detuvo el amor la espada,
porque es ángel que defiende
papeles cuando honras mata.
Volvió, en fin, por las razones,
y la razón desampara,
afeándome la muerte
de un pobre papel sin armas.
El vino conmigo, en fin,

y en mi aposento, sentada
en mi cama, vi el papel,
cortés, como quien engaña,
y breve, como discreto,
y aquella máscara santa
del matrimonio, en los hombres
treta que ha perdido a tantas.
Anduve desde este día
triste y alegre, cansada
de sufrir mis pensamientos,
que resistidos desmayan.
Don Juan, como pescador
que al pez el sedal alarga,
cuando ya le tiene asido
y va mudando la caña,
enviome una mujer
destas que cuentan por habas
los sucesos por venir;
negro monjil, tocas blancas,
cuentas de no dar ninguna,
que cruz y muerte rematan,
cruz de matrimonios que hacen
y muertes de honras que acaban.
Yo no sé, por no cansarte,
con qué hechizos o palabras
trocó mi honesto deseo,
que a dos visitas estaba
como don Juan me quería,
claro está, que enamorada.
Respondí al papel, y a muchos,
por esta fingida santa,
a quien mi casa venera
y a quien mi hermano regala.
En fin, dando yo lugar,

todas las noches me habla
por esas rejas don Juan;
porque, después de acostada,
vuelvo a vestirme y salir;
porque cuando el amor danza,
no hay Conde Claros, Inés,
que así salte de la cama.
Hablamos hasta que el Sol
nos envía, con el alba,
a decir que ya es de día,
porque los ojos no bastan.
Así pasamos las noches,
y te prometo que es tanta
la blandura y discreción
de don Juan, y que me trata
con tan honesto respeto,
que, perdida y obligada,
pienso advertir a mi hermano
de que mi vida se pasa
sin que de mi estado trate;
que, divertido en sus damas,
como caballero mozo,
ni se casa, ni me casa;
porque somos las mujeres
fruta que con flor agrada,
y del tiempo en que se coge
siempre es mejor la mañana.
Esta, Inés, la historia ha sido,
y, cuanto amorosa, casta,
no le di mano sin ser
sobre lágrimas prestadas.
A quien no lo pareciere,
pruebe a ser un año amada,
que oír y no responder

solo es bueno para estatuas.
Yo defendí mi valor;
pero donde el cielo es causa
y dos almas se conforman,
ninguna prudencia basta.

Inés   Aunque has pensado que yo
no entendía tu inquietud
y estimaba la virtud
de quien el papel te dio,
      sabe que todo lo sé
y de Tello, su criado,
que alguna vez me ha fiado
tus pensamientos, en fe
      de un poco de voluntad.

Leonor   ¿Quiéresle bien?

Inés   Es discreto.

Leonor   Bueno andaba mi secreto.

Inés   ¿Parécete novedad
que donde mira el señor
siga su ejemplo el criado?

Leonor   Mi hermano, Inés, ha llamado.
¡Ay, Dios!

Inés   ¿De qué es el temor?

Leonor   De venir con él don Juan,
a quien él jamás habló.

Inés	¿Don Juan?
Leonor	Ya le he visto yo, y mil sospechas me dan.

Salen Don Juan, Don Luis y Tello.

Luis	Creed, señor don Juan, que estoy corrido si bien no culpa, encogimiento ha sido no haberos visitado.
Juan	Confieso que en lo mismo estoy culpado, siendo mi obligación.
Luis	Antes la mía, que ofreceros debía, mi casa y mi amistad, por caballero, vecino y forastero.
Juan	Mostráis lo cortesano y lo discreto en honrarme, don Luis, y yo os prometo que el amor me debéis con que os hacía mil visitas el alma cuando os vía, con mil ansias de ser amigo vuestro.
Luis	Estrellas tuvo el pensamiento nuestro, ellas nos concertaron, pues ha sido igual amor el que nos ha vencido; servíos desta casa llanamente.
Juan	Esclavo seré suyo eternamente. ¿Es vuestra hermana esta señora?
Luis	Hoy quiero

que conozcáis mi hermana. El caballero,
Leonor, que miras es don Juan Hurtado,
ya sé que tu retiro recatado
aun no sabrá que fue nuestro vecino
desde que a España de las Indias vino.

Juan (Aparte.)   (¡Cielos, qué dicha es ésta!)
Señora, a tantas honras, la respuesta
es el silencio mudo,
que es la lengua mejor de quien no pudo
satisfacer su obligación hablando.

Leonor   Y yo, señor don Juan, quiero, imitando,
si no el ejemplo, el pensamiento vuestro,
decir callando del contento nuestro
alguna parte breve
por mi hermano y por mí.

Luis   Todo se debe
al valor de don Juan.

Juan   Embarazado
de tantas honras, casi estoy turbado;
aunque no lo supiera,
por hermanos, señores, os tuviera,
viendo tan parecida cortesía.

Luis   Retírate, Leonor, que hablar querría
a solas con don Juan.

Leonor   Como quisieres,
aunque la condición de las mujeres
lleva mal los secretos.

Aparte a Tello.

Juan   (Tello, ¿que es esto?

Tello   Del amor efetos;
                         que se pega también, y es cosa llana
                         que a don Luis se le pegó su hermana.

Juan   Si hacemos amistad, ¡ay, Leonor mía!,
                         aquí veré tu Sol sin celosía.)

[Aparte las dos.]

Leonor   (Inés, detrás desta cortina quiero
                         escuchar a mi hermano, que me muero
                         de varios pensamientos combatida.

Inés   ¿No ves que es amistad?

Leonor   ¿Y si es fingida?)

Escóndense las dos.

Luis   Señor don Juan, ya que habemos
                         nuestras almas declarado,
                         fuera engaño haber callado
                         lo que en su centro tenemos;
                         sin prólogos, sin extremos,
                         ya sois dueño de la mía.

Leonor   ¡Ay, qué desdicha sería,
                         Inés, que se declarase!

Inés   Mas aguardo que te case.

Tello (Aparte.)	(No hay secreto sin espía:
	las dos escuchando están;
	que mujeres, por saber,
	y más cuando hay que temer,
	ventanas en bronce harán.)
Luis	Yo quiero, señor don Juan,
	al más hermoso sujeto
	deste lugar, y aunque a efeto
	de casarme, como es justo,
	no corresponde a mi gusto,
	ni en público ni en secreto.
	Creer que es honestidad
	a mi amor, está muy bien;
	que en un público desdén
	hay secreta voluntad.
	Tenéis vos tanta amistad
	con el dueño desta dama,
	que no fue mayor la fama
	de Pólux y de Castor;
	por donde piensa mi amor
	que la fortuna me llama.
	Pero ya ¿qué tiempo aguardo,
	cuando tan bien me entendéis,
	pues dice que lo sabéis
	la amistad de don Bernardo?
	Que este mi desdén gallardo
	trujo de Sevilla aquí,
	como su hermano, y yo fui
	dichoso en que van despacio
	sus negocios en palacio,
	pero muy aprisa en mí.
	Blanca me mata, en efeto;

yo me querría casar;
nadie lo puede tratar
como un amigo discreto;
vos lo sois, y yo sujeto
a cuanto vos concertéis.
En dote no reparéis,
que bien sabréis cuál me veo
si en posesión o en deseo
alguna prenda tenéis.

Juan   Si no tuviera por cierto
el fin de tan justo amor,
sabiendo vuestro valor,
no me obligara al concierto;
será de Bernardo acierto,
de Blanca será ventura;
en vuestro valor segura,
bien os empleáis los dos,
vos en ella y ella en vos;
a tal fe, tal hermosura.
    Y así, desde ahora os doy
parabién, que lo que es justo
lleva de su parte el gusto;
conque a decírselo voy.
De Blanca seguro estoy,
que si os trató con desdén,
no fue desprecio; que quien
sabe que se ha de casar
todo lo quiere guardar
para cuando le esté bien.
    Allá en Sevilla tenía
ciertos pensamientos yo,
que la ausencia dividió,
y de experiencia sabía

que una amorosa porfía
quiere presta ejecución;
yo os traeré resolución
tan presta, si me la dan,
que hoy, víspera de San Juan,
juréis de la posesión.

Luis   Echareme a vuestros pies.

Juan   Dejad cumplimientos vanos.

Luis   Dadme siquiera las manos.

Juan   Guardaldas para después.
                        Vamos, Tello.

Tello   Mira a Inés
con la divina Leonor.

Juan   ¿Acecharon?

Tello   Sí, señor.

Juan   Tello, si don Luis se casa,
yo soy dueño desta casa.

Tello   San Juan nos dé su favor.

Vanse los dos.

Luis   Echando al mayor mundo todo el velo
asombra la celeste artillería
y entre pedazos de tiniebla fría
por donde daba luz escupe hielo.

21

Mas tomando con lástima del suelo
el hacha eterna el que los años guía
huye el horror y resucita el día
en el alcázar del sereno cielo.
  Así, con puros rayos celestiales
en tanta tempestad, tu Sol previenes,
hermosa Blanca, y a mis ojos tales.
  Oh bien haya el rigor de tus desdenes;
por que si no se hubieran hecho males
era imposible conocer los bienes.

Salen Doña Leonor e Inés.

Leonor   Vengo a reñirte, enojada;
          paciencia puedes tener.

Luis   ¿Tú, Leonor? Debe de ser
          porque estás hermosa, airada.

Leonor   Todo lo que has dicho oí
          al indiano caballero,
          que de tus bodas tercero
          agora se va de aquí.
            ¿Es justo que tome estado
          un hombre de tu valor
          antes que yo? ¡Qué rigor!
          Pues es fuerza que, casado,
            esclava venga yo a ser
          de una muy necia cuñada
          que a la suegra más cansada
          sostituye por poder.
            ¡Qué buen cuidado de hermano!
          De tales obligaciones
          en buen estado me pones;

22

quiero besarte la mano.
¡Qué buen marido me das
sirviendo toda mi vida
a una ninfa bien prendida!
Ya la imagino detrás
    y la doncella delante,
y decirme, muy tirana:
«Deja, Leonor, la ventana»,
no queriendo que levante
    los ojos a ver pasar
caballo, coche o carroza.
Como si una mujer moza
se pudiese consolar
    de no ver lo que otros ven,
habiéndose hecho los ojos
si para llorar enojos
para ver la luz también.
    ¿Es bien que esté en mi labor,
y que ella todo lo mire;
y en tanto que yo suspire,
decir muy a lo señor:
    «Qué bien a caballo va
Sástago con sus soldados;
lució en los toros pasados;
bien visto en la corte está;
    bravos tudescos sacó.»
Y yo en la sala, a lo fresco,
que labre y mire en tudesco
mientras el otro pasó.
    Gallardos, de mar a mar,
pasan el Duque y Marqués,
la silla, el coche. ¿No ves
que a pausas me ha de sangrar
    darme tentaciones tales?

¿Sin ser mi padre me das
madrastra? Mas no podrás;
que hoy quiero que me señales
    monasterio y alimentos.

Luis   Tienes, Leonor, mil razones;
que olvidan obligaciones
amorosos pensamientos.
    Estoy corrido de ver
que me intentase casar;
palabra te quiero dar
de que no tendré mujer
    antes que tengas marido,
hallando sujeto igual.

Leonor   Siendo rica y principal,
¿tan desdichada he nacido,
    tan sin méritos estoy
que de nadie soy mirada?

Luis   Leonor, si alguno te agrada
y es tu igual, licencia doy
    a que me digas quién es
y la tengas de casarte.

Leonor   No sé cómo acierte a hablarte.

Luis   Si lo he de saber después,
    ¿no es mejor saberlo agora?
No te turbes. ¿Qué claveles
son ésos, que tú no sueles
tener conmigo?

Inés   Señora,

habla, que es linda ocasión.

Leonor   Si te hablo claro, hermano,
este caballero indiano
me mira con afición,
    y criados de su casa
a los nuestros han contado
que ya un hábito le han dado,
que a esto ha venido y que pasa
    su hacienda de nueve mil
pesos de renta, que yo
no le había visto.

Luis   ¿No?

Leonor   No,
que aunque el amor es sutil,
    no pudo desde su reja
penetrar mi celosía.

Luis   Yo no quiero, hermana mía,
que de mi amor tengas queja;
    fuera de que la afición
que tengo a este caballero,
ya de mis bodas tercero
que no es poca obligación,
    concertará fácilmente
las vuestras con gusto mío,
que del tuyo bien confío
que el concierto te contente.
    Porque quien la celosía
dijo que no penetraba,
claro está que le miraba
si vio que el otro le vía.

Huyeron de una pendencia
dos, y el uno se alabó
de que el otro se escondió,
juzgando por diferencia
el huir y el esconder,
siendo todo cobardía;
y así tú cuando él te vía
también le pudiste ver.
Pero no lo examinemos;
él vendrá y yo le querré
por cuñado; en cuya fe
los cuatro nos casaremos.
De suerte que, si cansada
es la cuñada, Leonor,
quedarás, si no es mejor,
con el cuñado vengada.

Leonor   Fío de tu entendimiento
que lo sabrás disponer.
De golpe tanto placer.

Aparte a Inés.

(¡Ay, Inés!, temo el contento,
que también suele matar.

Inés   ¿Y Tello no tendrá aquí
su papel?

Leonor   Dile...

Inés   ¿Qué?

Leonor   Di

que le comience a estudiar.
    Dame pluma y tinta luego;
a don Juan escribiré
lo que ha de decir. No sé
cómo mi poco sosiego
    no dio enojo a don Luis.
¡Oh bienes, aunque dichosos,
siempre venís sospechosos
cuando de prisa venís!)

Salen Don Juan y Don Bernardo.

Bernardo   Conozco la obligación.

Juan   A mi fortuna agradezco
quitaros a vos cuidados
y dar a Blanca remedio.

Bernardo   Sois mi amigo en que se cifra
cuanto encareceros puedo;
que una hermana a un hombre mozo
es un insufrible peso;
no habré tenido en mi vida
mejor San Juan.

Juan   Y yo pienso
que hoy está de gracia toda
la luz del zafir eterno;
alguna conjunción magna
de benévolos aspectos
influye fiestas, Bernardo,
paces, gustos, casamientos.
Tengo por feliz auspicio
tratar el de Blanca en tiempo

que la fortuna mayor
mira bien al Sol y a Venus;
de que procede también
que siendo en el cielo inmenso
Júpiter, señor del año,
propicio a reyes y a imperios,
ganados, trigos y frutos,
paz y prósperos sucesos,
el Júpiter español,
también con igual contento,
se muestre alegre esta noche;
y como del Rey sabemos
que tiene Dios en sus manos
el corazón, por lo mesmo
el buen Rey tiene en las suyas
los corazones del reino.
No es noble, ni hombre de bien,
quien no se alegra, pues vemos
que del Sol viene la luz,
como del entendimiento
a las acciones del hombre
la razón; y, fuera desto,
dijo un ángel a los padres
de San Juan, que el nacimiento
de su hijo había de ser
alegre al mundo universo.
Luego alegrarse esta noche
es justo, como decreto
de Dios por boca de un ángel.
Yo entré con un caballero
a ver el sitio, Bernardo,
donde esta noche veremos
tres soles en una aurora,
que son, sin Edipos griegos,

Rey, Reina y Infantes; mira
todo el problema deshecho.
Del Conde de Monterrey
el jardín, por los extremos
que tiene al prado ventanas,
dispuso el Marqués Crescencio,
por orden del Conde Duque,
desta suerte: un teatro en medio
con más de trescientas luces,
que han de competir ardiendo
entre faroles de vidrio
con duplicados reflejos
a veinticuatro blandones,
y, juntas ellas con ellos,
a cuantas luces se asomen
a las ventanas del cielo
que como es fiesta, Bernardo,
que le ha de tener por techo
bordarale de diamantes,
porque no parezca negro.
Aquí, el primero en la dicha,
representará Vallejo
una comedia, en que ha escrito
don Francisco de Quevedo
los dos actos, que serán
el primero y el tercero,
porque el segundo, que abraza
los dos, dicen que ha compuesto
don Antonio de Mendoza.
Pintarte estos dos ingenios
era atrevimiento en mí
y no fuera gloria en ellos;
porque son tan conocidos,
que solo decirte puedo

que, por partir el laurel,
dividieron el Imperio.
Veranla Sus Majestades
dentro de un verde aposento
que forman arcos de flores;
porque fue discreto acuerdo
que todo fuese jardín
adonde todo era cielo.
De cortinas carmesíes
los arcos se cubren dentro;
que para tales retratos
estrellas quisieron serlo.
Tendrán su lugar los Condes
y las damas, previniendo
añadir cuadro al jardín
con diferente pretexto.
Porque en vez de ayudar todo
con tanta fiesta deshecho,
que del jardín, con más flores
que hay en los campos Hibleos
hoy en la Casa del Campo
han visto los jardineros
seis fuentes más, y es la causa
que, con justo sentimiento,
lloró de envidia del Prado,
que aun hay en jardines celos,
diciendo que le bastaba
ser en verano e invierno
ciudad portátil de coches
con inmortales paseos.
Y, afligido, Manzanares,
que le pareció desprecio,
juró que habían de verle
en julio y agosto seco.

Hay para damas tapadas
dos teatros, al de en medio
casi iguales, en que habrá
disfraces de pensamientos.
Por lo alto, como almenas,
del jardín en cinco puestos
previenen músicos voces,
eco el aire, amor, silencio,
porque parezcan en alto,
de verdes olmos cubiertos,
ruiseñores al aurora
que alternan voces y versos.
Hecha la primer comedia,
harán colación, y luego
la comodidad querrá
pedir licencia y consejo
a la autoridad cansada,
y volverán a sus puestos
los Reyes y los Infantes,
con capas de color, ellos,
y la Reina, con valona,
quitándole al Sol el cerco,
que es mejor que el de abaninos,
el de diamantes tan bellos.
Las damas lo mismo harán;
aunque, por falta de espejos,
se miren unas en otras,
cristales para de presto.
Traerán valonas y tocas,
mantos de humo y sombreros;
que los humos, de ser soles,
aun allí querrán tenellos.
Dicen que a todos darán
abanillos, y con ellos

búcaros de olor, en quien
vaya por agua amor ciego
al llanto de los galanes,
que han de mirar encubiertos
la fiesta, y por ver si amor
descubre también deseos.
Sentados, hará Avendaño
una comedia, que creo
es retrato desta noche,
en cuyo confuso lienzo
tomó Lope la invención,
y se ha estudiado y compuesto
todo junto en cinco días.
Mas ¿para qué me detengo,
sí, alegremente engañado,
de tanta fiesta, no veo
que dejo un amante noble,
como esperando, temiendo
la respuesta que de vos
también en su nombre espero,
que, sin presunción de engaño,
favorable os aconsejo?
Porque no puede hallar Blanca
más honrado caballero;
vos cuñado, amigo yo,
si mañana amanecemos
ella casada, vos libre
deste peso, yo contento
de que servir a los tres
es obligación y es premio.

Bernardo   A la mucha noticia que tenía,
don Juan, dese gallardo caballero
añade vuestro abono y cortesía

cuanto gozar en la experiencia espero;
darele a Blanca, que es la prenda mía
de más valor, y, agradecido, quiero
emplear su hermosura en su nobleza,
que la virtud es la mayor riqueza.
    Y bien se echa de ver su entendimiento
en no querer más dote que su gusto.

Juan   Pues yo casar a doña Blanca intento,
                fiado estoy en que le viene al justo,
                lo menos dije de lo más que siento.

Bernardo   Fuera en tanta amistad término injusto
                no ser don Luis como le habéis pintado.

Juan   De sus partes estoy bien informado.

Bernardo   Ya que el caballero la ocasión me ofrece,
                de cierta condición quiero advertiros,
                con que tendrá don Luis lo que merece
                y yo, Don Juan, el gusto de serviros.

Juan   Decid cuanto sentís, cuanto os parece
                de mi proposición.

Bernardo   Para deciros
                con llaneza y verdad mi pensamiento,
                como a tan grande amigo, estadme atento.
                    Muchas fiestas, don Juan, a la Vitoria
                he visto entrar el cielo de una dama,
                descubriendo su Sol manto de gloria
                y en nubes de humo la celeste llama;
                tanta inquietud ha puesto en mi memoria,
                que los amantes de la antigua fama,

aunque fuesen Leandros, aunque Apolos,
sombra no son de mis suspiros solos.
   Tal gracia, tal donaire y bizarría,
de tanta honestidad acompañada,
parece que en cuidado puesto había
a la Naturaleza descuidada,
que como tantas cosas juntas cría,
que no se advierte que repara en nada,
aquí tomó de espacio los pinceles,
con puntas de jazmines y claveles.
   Cayósele una vez, don Juan, un guante;
alcele, y con turbada diligencia
volví al marfil el velo, que un diamante
rompió por no sufrir la diferencia;
tomole agradecida de semblante.
¿Quién ha visto matar con reverencia?
Pues cuando me acerqué y ella la hizo,
en el Sol de sus ojos me deshizo.
   Este día, atrevido y confiado,
en que mi amor había conocido,
seguí su coche y pregunté a un criado
su calidad, su casa y su apellido;
al nombre de Leonor Solís y Prado,
que respondió, dejándole florido,
le repliqué con eso, cuando pasa
el Sol por el León el mundo abrasa.
   Llegué a su calle, y supe que era hermana
de ese don Luis; y así, don Juan, querría
que en estas ferias, que el amor allana,
me dé su hermana y le daré la mía;
con esto queda, en lengua castellana,
hecho el concierto en justa cortesía,
pues en el dote vengo a conformarme,
siendo el que yo le doy el que ha de darme.

Juan (Aparte.)   (¿A quién jamás sucedió
desdicha como la mía,
que yo mismo persuadía
lo mismo que me mató?
¿Que busqué el veneno yo?
¿Que yo mi homicida fui?
[............]
¿que yo vine a concertar
en cuánto me ha de matar?
¿Y que las armas les di?
   Esto no fue culpa mía,
sino de mi mala estrella;
perdí a Leonor cuando en ella
más esperanza tenía;
fui como aquel que bebía
en fuente donde mortal
ponzoña dejó animal;
que, como estaba sereno,
no pude ver el veneno
en fe de beber cristal.
   Fui como rudo villano
que, del nido codicioso
del ruiseñor amoroso,
puso en el áspid la mano;
fui tahúr, fui diestro en vano,
que aunque juegue y acometa,
puntas tire, naipes meta,
el que jugaba con él,
menos sabio y más cruel,
le dio con la misma treta.
   ¿Qué haré? Pues decir no puedo
a Don Bernardo que adoro
a Leonor, por su decoro

y por tener justo miedo
de su hermano, si bien quedo
sin esperanza; morir
es fuerza, pues a decir
voy que a Bernardo la dé,
si hasta decirlo podré
después de muerto vivir.)

A él.

Bernardo, pensando estuve,
después que oí vuestro amor,
si hablar a Blanca es mejor,
que por eso me detuve;
tal respeto siempre tuve
al gusto de las mujeres.

(Aparte.)   (¡Oh, pobre esperanza, hoy mueres!)

Bernardo   Don Juan, gente de valor
para materias de honor
no admite sus pareceres;
    que aunque es bueno su consejo,
cuando la ciega pasión
más con la misma razón
que con ellas me aconsejo:
ella es el mejor espejo
a cuyas verdades paso
el parecer deste caso,
y Blanca no ha menester
darme a mí su parecer,
basta saber que la caso.

Juan   No más, con eso me voy;
mas bien será que la habléis.

Bernardo	Luego que os vais.
Juan	Bien haréis.
(Aparte.)	(¡Ay, cielos, muriendo estoy!)
	Con vos a la tarde soy,
	aunque es noche de San Juan;
	vos, como amante y galán,
	tendréis que hacer.
Bernardo	No tendré;
	solo esperando estaré
	si el bien que pido me dan.

Vase don Juan. Salen Doña Blanca, dama y Antonia, criada

Blanca	Pues, hermano, ¿qué quería
	don Juan, que se fue tan presto?
Bernardo	Dame, Blanca, albricias.
Blanca	¿Yo?
	¿De qué?
Bernardo	De dos casamientos.
Blanca	¿Dos por lo menos? ¿De quién?
	Que tan inquieto te veo
	que pienso que te has casado.
Bernardo	Sí, por eso estoy inquieto;
	tú lo estarás por lo mismo;
	trocado hermanas habemos
	don Luis de Solís y yo;

don Juan ha sido el tercero,
que le debo esta amistad
y este cuidado le debo.
Tú serás de don Luis
y yo de Leonor; no puedo
detenerme, porque voy
a prevenir dos plateros
para darle ricas joyas;
porque, en firmando el concierto,
no me gane por la mano
don Luis, que es gran caballero,
y querrá, con regalarte,
vencer, galán, mi deseo.

Vase

Blanca   ¿Hase visto igual locura?
Sin duda ha perdido el seso
mi hermano.

Antonia   Terrible nueva
ha de ser para don Pedro
el saber que te has casado.

Blanca   ¿Cómo casado? Primero
perderé, Antonia, mil vidas.

Sale don Pedro.

Pedro   Estando a tu reja atento
vi que salía tu hermano,
y a pedirte albricias vengo
de que hoy han tenido fin
mis pleitos en el Consejo;

que este gusto, hermosa Blanca,
animó mi atrevimiento
para verte donde solo
con el pensamiento llego.
Agora sí que pedirte,
Blanca, a don Bernardo puedo,
y, casados, a Navarra,
gustando tú, nos iremos;
que yo sé que ha de agradarte
la hermosura de aquel reino.
Verás a Pamplona, adonde
mi hacienda y mi regimiento
te harán de aquella ciudad,
y por tus méritos, dueño.
¿Qué tristeza es ésta?

Blanca   Ha sido,
don Pedro, contrario el cielo
a los pleitos de mi amor
cuando propicio a tus pleitos;
hoy mi hermano me ha casado.

Pedro   Tan presto, Blanca, me has muerto
que parece que traías
el arcabuz en el pecho
y que apuntándome al mío
diste con la lengua fuego.
¿Casada? ¿Con quién?

Blanca   No sé.
Aquí andaba un caballero
sirviéndome, más preciado
de amante que de discreto.
Tiene una hermana que adora

Bernardo, y han hecho trueco
de damas, como si entrambos
jugaran al mismo juego.
Yo, quiere que a don Luis
(que por extremo aborrezco)
pase, y Leonor a Bernardo.

Pedro   De esa manera yo pierdo,
y no menos que la vida.

Blanca   No perderás, si yo puedo.

Pedro   ¿Pues habrá remedio alguno?

Blanca   Los jueces son remedio:
que de iguales voluntades
confirman los casamientos.

Pedro   ¿Cumplirás tú lo que dices?

Blanca   Ruido siento, y sospecho
que si no es el desposado,
debe de ser el tercero.
Vete, y fía de mi amor,
que no he de tener más dueño
que don Pedro, mientras viva.

Pedro   Mira que dicen que el viento
lleva palabras y plumas.

Blanca   Plumas y palabras quiero
que firmen y que confirmen
que ser tu mujer prometo.
Esta es noche de San Juan;

40

si voy al Prado, está cierto
que los dos iremos juntos
donde quien pudiere hacerlo
nos dé las manos en forma
de promesa y juramento
No te detengas aquí.

Pedro   Quisiera...

Blanca   Vete, don Pedro,
que a mi determinación
no quiero agradecimiento,
que te han de faltar palabras;
y basta, que yo le creo.

Pedro   Bien dices, y pues mi alma
tienes, señora, en tu pecho,
pregúntale allá de espacio
lo que callo y lo que siento.

Vanse. Salen Leonor, Inés, y Tello.

Leonor   Aun no me cabe en el pecho,
tanto bien me ha de matar.

Tello   También el mar, con ser mar,
es alguna vez estrecho.

Leonor   ¡Jesús! ¡don Juan mi marido!
¿y con gusto de mi hermano?
Poco estimo el bien que gano,
pues que no pierdo el sentido.
Debe de ser la ocasión.
que como don Juan le tiene,

corre el que de allí me viene
por cuenta de su razón.

Inés   Y sa mesté, señor Tello,
¿qué es lo que piensa de mí?

Tello   Que soy tuísimo, y fui
bella Inés, del pie al cabello.
   Para servicio de Dios
en casándose don Juan,
y a las Indias, si ellos van,
iremos también los dos.
   Verás a Lima, el mejor
fruto de española empresa;
lima, que al rey en la mesa
no se la ponen mejor.
   Lima dulce de Filipos,
que no lima de Valencias,
que no le hacen competencias
Nápoles y Pausilipos.
   Verás el Cerro, en grandeza
ilustre, aunque dulce y agro,
el gran Potosí, el milagro
mayor de naturaleza.
   Cuyas entrañas y centro
son una imagen de plata,
piadosa fuera, e ingrata
a los que la rezan dentro.
   Es, por las Indias, el Rey
envidiado de los reyes,
que entre sus bárbaras leyes
conserva de Dios la ley.
   En esta tierra tan nueva,
cuyo Dios [es] el oro y plata,

que del mundo en cuanto trata
fueron el Adán y Eva.
   Allí las piedras se ven
de tantas minas sacar,
y las perlas en el mar,
blancas y pardas también,
   como dicen los poetas,
que son quien las ve nacer.

Inés   ¿Cierto?

Tello   Puédeslo creer.

Inés   ¡Qué mentiras tan discretas!

Tello   Espántome yo de quien
no sabe que la poesía
es moral filosofía
y que se adorna también,
   como de sentencias graves,
de fábulas, cuales son
el Fénix, oposición
del Sol, en drogas suaves.
   Dime: ¿quién oyó cantar
al cisne? Pues desa suerte
nacer al alba se advierte
la perla en conchas del mar.
   ¿Quién sabe que si primero
mira al Basilisco el hombre,
le mata, trocando el nombre?
¿Quién, cuando corre ligero
   por el mar un galeón,
la rémora, le detiene?
Pues esto misterio tiene,

hermosura e invención.

Inés   Calla, que viene don Juan.

Sale don Juan.

Leonor   Señor mío, yo esperaba
                          vuestra venida, que estaba
                          como las perlas están
                             esperando su rocío;
                          mas mirad que amanecéis
                          escuro, y que así pondréis
                          como el vuestro el color mío.

Juan   ¡Ay de mí!

Leonor   ¿Cómo ay de mí?
                          ¡Ay de entrambos, si por dicha
                          nació de alguna desdicha
                          que vos suspiréis ansí!

Juan   Leonor mía, yo os perdí.

Leonor   ¿Eso cómo puede ser
                          siendo yo vuestra mujer?

Juan   Porque jamás vi pesar
                          que no viniese a pisar
                          los pasos que da el placer.
                             Sale el bien, y el mal detrás
                          va sus estampas siguiendo.

Leonor   No os entiendo.

Juan	Ni yo entiendo que pueda decirte más. ¡Oh contento!, ¿dónde estás?
Tello	Sin duda algún triste caso le obliga.
Leonor	Mil muertes paso.
Juan	Si el mal te alcanza, ¿a qué vienes bien? Pero siempre los bienes fueron muy cortos de paso.
Leonor	Mil veces queréis matarme con tan declarada muerte.
Juan	Es tan escura mi suerte, que no acierto a declararme.
Leonor	Mi hermano quiere casarme con vos. ¿Qué podéis temer? Vuestra mujer he de ser.
Juan	¿Qué importa, Leonor hermosa, si, para ser envidiosa, es la fortuna mujer?
Leonor	Ya no puedo yo sufrillo.
Juan	Ni yo tan grave tormento, pues no digo lo que siento y me muero por decillo.
Leonor	Ya, don Juan, me maravillo

desos respetos cansados;
decidme vuestros cuidados,
que si son bienes perdidos,
más que mataron sentidos
suelen matar esperados.

Juan   No sé por dónde, mi bien,
pueda mi mal comenzar.

Leonor   Por donde suele acabar,
que es saberse mal o bien.

Juan   Bien dices; pero también
es cosa fuerte, por Dios.

Leonor   ¿Por qué, sintiéndola vos?
¿Es más que la muerte fuerte?

Juan   Es más fuerte que la muerte.

Leonor   Pues matémonos los dos.

Juan   Yo, sí, con tanto pesar.

Tello   ¡Inés!

Inés   ¿Qué quieres decir?

Tello   Que pienso que han de pedir
el recado de matar.

Leonor   Mi hermano...

Juan   Aquí es fuerza hablar,

y sabrás males que, iguales,
no lo son los más mortales.

Leonor   Cruel avariento eres.
                  ¿Qué harás del bien, si aun no quieres
                  partir conmigo los males?

Sale Don Luis.

Luis   Don Juan, ¿ha venido ya?

Juan   Aquí os estaba esperando.

Luis   Mucho os debo.

Juan   No, es muy poco.

Luis   ¿Qué responde don Bernardo?

Juan   Una cosa bien notable.

Luis   ¿Cómo?

Juan   Que está enamorado
                  de la señora Leonor,
                  y que así podréis trocaros,
                  ahorrando el dote, si sois
                  a un mismo tiempo cuñados.

Luis   Eso me viene de perlas.

Juan   Perlas significan llanto.

Luis   Porque siendo doña Blanca

47

buena para mí, su hermano
es bueno para Leonor.

Juan   Y es el argumento claro;
no hay sino trocar hermanas.

A Inés.

Tello   (No he visto tan mal cruzado
en cuantos bailes se han hecho;
porque le yerran entrambos;
que Leonor quiere a don Juan,
y si en esto no me engaño,
Blanca no quiere a don Luis;
luego no es baile acertado.)

Inés   Muchas melindrosas vemos,
y después todos los años,
paren como unas conejas.

Tello   Es buen año de gazapos.

Inés   Lástima tengo a mi ama.

Tello   Y yo mayor a mi amo,
pues dices que ha de parir
y él ha de morir de parto;
pues partiéndose a Sevilla,
morirá cuando partamos.

Inés   ¿Cuál hombre murió de amor?

Tello   De amor, no; mas de hambre tantos
que aun no los mata la muerte,

que ellos se mueren de flacos;
este año no habrá gallinas.

Inés   ¿Cómo?

Tello   Porque los salvados
que habían de comer comemos.

Inés   Ya llueve el cielo milagros.

Luis   En fin, ¿quedaste en esto?

Juan   En esto, don Luis, quedamos,
y hoy se harán escrituras.

Luis   Vuestra tristeza he notado
en que no me habláis con gusto.
¿Qué es la causa? ¿Fáltaos algo?
Mi casa y mi vida es poco
para serviros.

Juan   Estando
alegre de vuestras bodas,
un pliego, don Luis, me han dado
que me obliga a que me parta
a Sevilla a cierto caso
de importancia, y aun de pena;
sin esto dejo un cuidado
que en este lugar tenía;
que ya como amigo os hablo.

Luis   Pésame, pues este día
en que os conozco y os trato
os pierdo.

Juan	No perderéis, que, a tanto amor obligado, toda vuestra casa llevo en el alma.
Luis	Mucho tardo en pedirte el parabién.
Leonor	¿Qué parabién, si has quebrado la palabra que me diste de no casarte hasta tanto que me casases a mí?
Luis	Sí la cumplo. ¿En qué te engaño? A don Bernardo te doy, con don Bernardo te caso, don Bernardo es caballero, don Bernardo es mi cuñado. ¿De qué te quejas, Leonor?
Leonor	Deja tantos don Bernardos, que no le querré en mi vida, si como fue Veinticuatro, don Bernardo, de Sevilla, fuera Bernardo del Carpio.
Luis	¿Por qué?
Leonor	Porque no es mi gusto.
Luis	¿No es tu gusto? Leonor, paso.
Leonor	Pues descártate de novio,

y pasemos entrambos
a otra mano nuestros gustos.

Luis   Tu padre soy.

Leonor   Ni aun mi hermano.

Luis   Mira que está aquí don Juan.

Leonor   Por él lo que siento callo.

Luis   Presto quedaremos solos,
que andas muy libre.

Leonor   Yo ando
como debo a quien yo soy.

Vase. Al salir Don Juan, ásele Doña Leonor.

Luis   Venid, don Juan.

Leonor   Oye, ingrato.

Juan   ¿Ingrato yo?

Leonor   Sí.

Juan   ¿Por qué,
si te casas?

Leonor   ¿Yo me caso?

Juan   ¿Pues eso quieres negar?

Leonor	¿Y puedo yo confesarlo?
Juan	Mira que se va don Luis y vuelve de cuando en cuando la cabeza a ver si voy.
Leonor	¿Qué importa?
Juan	¿Estás loca?
Leonor	Y tanto, que le diré que por ti, si te vas.
Juan	No hay desengaño para consolar mi amor. Ya vuelve, suéltame.
Leonor	Aguardo a que me mate.
Juan	Yo juro de no irme.
Leonor	¡Ay, hombres falsos!
Tello	Inés, adiós.
Inés	¿Lloras?
Tello	No.
Inés	¿Pues que?

Tello	Tomaba tabaco.

Vanse.

Fin de la primera jornada

Jornada segunda

Salen Doña Blanca y Antonia.

Blanca   Largo día

Antonia   Temerario.

Blanca   Nunca le he visto mayor.

Antonia   Es, en secretos de amor,
                              la luz el mayor contrario.

Blanca   ¡Ay, noche, que siempre en ti
                              libra amor sus esperanzas,
                              corre, que si no le alcanzas
                              no queda remedio en mí!
                                  Apresura el negro coche
                              donde las mías están,
                              ya que fuiste de San Juan,
                              que es la más pública noche.
                                  De Europa, en el mar te baña
                              sobre el amoroso toro,
                              y ven con máscara de oro
                              desde las Indias a España.
                                  Si, coronada de rosas,
                              esperan otros amantes
                              la aurora, yo los diamantes
                              de tus alas perezosas.
                                  Despierta, noche, que estoy
                              sin vida por ti. ¿Qué aguardas?
                              Pero tanto más te tardas
                              cuanto más voces te doy.

Antonia	Haste aliñado tan presto, que has hecho mayor el día.
Blanca	Previene amor la osadía, y él me ha vestido y compuesto; que ya mi hermano ha sabido que quiero salir al Prado, porque con esto, engañado, no repare en el vestido. ¿Has avisado al cochero?
Antonia	¿A las cuatro de la tarde le he de avisar?
Blanca	¡Qué cobarde me entretiene el bien que espero! Todo pienso que ha de ser estorbo a mi pretensión.
Antonia	La misma imaginación no te deja entretener. Suspende solo un momento al pensamiento el cuidado.
Blanca	Ya pienso, y lo que he pensado es el mismo pensamiento. ¿Aguardaré desta suerte a don Pedro?
Antonia	Tal estás, que, con ser mujer, me das mis ansias de hablarte y verte.
Blanca	¿Tendrá mi propio cuidado

don Pedro?

Antonia   En la calle está.

Blanca   ¿Podrá verme?

Antonia   Bien podrá;
pero no será acertado.

Blanca   ¿Si vio hacer las escrituras?

Antonia   Todo pienso que lo vio.

Blanca   ¿Y quieres que tenga yo
mis esperanzas seguras?
   Yo muero, y la noche duerme,
¡ay de mí!

Antonia   Sosiega un poco.

Blanca   Mejor podrá mi amor loco
matarme que entretenerme.

Antonia   Toma un libro que hay aquí
de comedias.

Blanca   ¿Para qué?
Pues si es de amores, yo sé
que él puede buscarla en mí.
   ¿No has visto aquellos afectos
tan vivos de dos amantes?
Pues di a los representantes
que vengan a hurtarme afectos.

Antonia	A lo menos tú pudieras imitar sus relaciones con que tus locas pasiones, amorosa, entretuvieras.
Blanca	Bien dices, y tú serás la criada de la dama.
Antonia	Di, que ya el vulgo te aclama, si acción a los versos das. porque en muchas ocasiones que prevenirle pretende, celebra lo que no entiende no más de por las acciones.
Blanca	Una mañana de abril, cuando nueva sangre cobra cuanto en tierra, en aire, en agua o corre, o vuela, o se moja; cuando por los secos ramos nuevo humor pimpollos brota, en cuyas pequeñas cunas están los frutos sin forma; cuando filomenas dulces cantan, y piensan que lloran, haciendo músicos libros de los álamos las copas con achaques del color (invención de gente moza, que contra el recogimiento tal vez por remedio toma) bajé a la Casa del Campo, cuando la celeste concha, abierto el dorado nácar

flores bañaba en aljófar.
Llevaba por compañía
esas dos esclavas solas,
que por el color pudieran
servir para el Sol de sombra.
Tuve licencia de entrar,
y entre los cuadros que a Flora
viste de tomillo el arte
lazos de sus verdes orlas,
anduve mirando fuentes
que despeñadas se arrojan
de la altura en que se crían
a lo llano, en que se postran.
Las nuevas rosas cogía
de las ramas espinosas
tan doncellas, que aun guardaban
la clausura de las hojas.
Las que mostraban color
abríalas con la boca,
trocando aliento con ellas
por quedarme con la copia.
Miraba otra vez atenta
aquella estatua famosa
del nieto de Carlos Quinto,
que ya los cielos coronan;
padre de nuestro divino
monarca y señor, que adoran
dos mundos, por quien España
tantas esperanzas logra,
y aquel valiente caballo,
que renueva la memoria
del que llevaron los griegos
fatal engaño de Troya,
tan vivo, que imaginaba

que escuchara temerosa
los relinchos por Atlante
de tanta grandeza heroica.
Un obelisco de mármol
no lejos, por unas diosas
y sátiros vierte plata
sobre las inquietas ondas.
Hay unos olmos enfrente,
que de yedras trepadoras
han hecho eternos vestidos,
galas de su verde pompa.
Allí me senté cansada,
cuando por la senda propia
vino don Pedro a matarme,
que yo no pienso otra cosa.
Mira tú si son estrellas
las que las almas provocan;
pues se me turbó la mía
con unas nuevas congojas.
Aquí puedes tú pensar
qué palabras, qué lisonjas
me diría, cuando a un hombre
la soledad ocasiona.
Allí entró por las esclavas,
esto del Sol y la sombra,
y que tras la noche negra
venía la blanca aurora.
Que era yo la primavera,
y que presidiendo a todas
las flores, las repartía
colores blancas y rojas.
Oíle, y vi ser verdad,
que no importa que la honra
sea diamante, cuando hay cera

por donde ternezas oiga.
Como si le hubiera visto
y concertado las horas
que había de estar allí,
hace que a los pies me pongan
una toalla, dos cajas,
ésta azahar, aquélla alcorzas.
Y muy hallado conmigo,
suena la música ronca
en un cubo que traía
su poco de cantimplora
(y de plata, por lo menos).
Y quitándole a una bota,
de aquello que a un hombre afrenta
una torneada gorra,
enjuaga un criado aprisa
una cristalina copa
y me brinda el tal galán,
como si fuera su novia.
Para este brindis había
una colorada lonja,
por quien Garrobillas hace
que gasten tantas arrobas.
Yo atónita del suceso
y del hombre estaba absorta,
y comiendo por los ojos,
aun no acertaba a la boca.
Acabóse aquesta fiesta
y comenzamos por otra,
que fue pedirme una mano.
(Tengo por cosa notoria
que compañeros de mesa
luego apelan a las bodas.)
Allí le dije quién era,

y él, la cara vergonzosa,
retira la mano al pecho
y el pensamiento reporta.
Pidiome perdón, humilde,
y perdonele, amorosa;
que quien ofensas desea,
a pocos ruegos perdona.
Y en tanto que los criados
(hallados ya con las moras,
que, al ejemplo de los dueños,
fácilmente se conforman)
de segunda mesa estaban
atentos a lo que sobra,
presumiendo que tenían
para su señor señora.
Con notable cortesía,
me contó de su persona
y casa, bien cuerdamente,
una bien trazada historia.
Allí supe de sus pleitos,
que no era jornada ociosa
supe su nombre, y su patria
que era, en Navarra, Pamplona.
Con esto se iba encendiendo
del Sol la dorada antorcha;
con que me volví a la villa,
y él de mi casa se informa,
donde papeles, deseos
y terceras amorosas
de mi voluntad le dieron
la merecida victoria.
Tú sabes ya lo demás.
Este fue el principio, Antonia,
deste suceso, a quien ya

solo para ser su esposa
me falta que aquesta noche
sus estrellas me socorran.
Y no más, porque mi hermano
de ver su cuñado torna.
Amor, si eres Dios, ¿qué esperas?
Así olorosos aromas
te sacrifiquen amantes
que favorezcas ahora
mi pretensión, pues es justa,
para que yo reconozca
que remuneras las penas
con las merecidas glorias.

Sale don Bernardo.

Bernardo   En el hábito en que estás
y en la corta bizarría
echo de ver, Blanca mía,
que esta noche al campo vas.
          ¿Quieres hacerme un placer,
pues que yo te dejo ir?

Blanca   ¿En qué te puedo servir?

Bernardo   Merced me puedes hacer.
          Vete en cas de mi Leonor,
pues que ya somos hermanos,
y besarásle las manos;
paga, que es justo su amor;
          y las dos os podréis ir
juntas esta noche al Prado.

Blanca   Tú verás con el cuidado

	que yo la voy a servir.
Bernardo	Yo te daré que la lleves, como que es tuya, una joya.
Blanca	¡Bravo amor!
Bernardo	¡Ardese Troya! muestra el amor que me debes.
Blanca	¿Dónde está la joya?
Bernardo	Ven y escoge de las que traigo.
Blanca	¿Tú liberal? Mas ya caigo, Bernardo, en que quieres bien.
(Aparte.)	(Los cielos me dan favor contra el mayor enemigo.)
Bernardo	¿Qué murmuras, Blanca?
Blanca	Digo que es muy hermosa Leonor.
Bernardo	Dila mil cosas de mí, que quiero que la enamores.
Blanca	Toda esta noche es de amores. ¡Oh, si amaneciese ansí!

Vanse. Salen Doña Leonor e Inés.

Leonor	No trates de consolarme,

que es consolarme ofenderme.

Inés

¿Adónde vas?

Leonor

A perderme

Inés

¿Qué piensas hacer?

Leonor

Matarme;
que no puede remediarme
sino la muerte en tan fuerte
desdicha.

Inés

Señora, advierte...

Leonor

No tienes que me advertir,
que el más penoso morir
es dilatando la muerte.
    ¡Ausentarse nos bastaba
don Juan, que es luz de mis ojos,
sin añadir los enojos
de una violencia tan brava!
Si mi hermano se casaba,
¿por qué me casaba a mí?
Pero si a don Juan perdí,
saldrá don Luis con matarme,
mas no saldrá con casarme,
puesto que haya dado el sí.
    Cánsese en locos intentos,
más que el mar deshace espumas,
que dagas no son las plumas
que firman los casamientos;
antes son los fundamentos,
cuando no los junta amor,

para apartarlos mejor;
y esto de daga de hermano
es tempestad de verano:
poco rayo y gran temor.

Inés   ¿De qué te espantas que huya
de verte casar don Juan,
puesto que tan cerca están
de que todo se concluya?

Leonor   A ser firmeza la suya,
él viera que no podía
vencer la muerte a la mía;
mas como no la hay en él,
por no matarme cruel,
inconstante se desvía.

Sale Tello, de camino.

Inés   ¿Quién viene aquí?

Tello   ¿No lo ves?

Inés   ¿Es Tello?

Tello   Linda razón,
échame la bendición
y dame, Leonor, los pies.

Leonor   ¿Qué es esto?

Tello   Partir, Señora.

Leonor   ¿Partir? ¿Con tal brevedad?

66

No tiene de sí piedad,
Tello, quien se aparte agora,
　pues víspera de San Juan.

Tello　　　　　　　　Somos de Mantua marqueses
que por los ríos franceses
la caza buscando van.
　Los tiempos son calurosos;
pienso que Sierra Morena
nos ha de dar mala cena,
aunque hay conejos famosos;
　si bien no tienen igual
con el Parque de Madrid.

Leonor　　　　　　　Partid, ingratos, partid,
para qué dejéis mortal
　una mujer que engañantes.

Tello　　　　　　　　¿Yo, señora?

Leonor　　　　　　　Sí, los dos;
que habéis de dar cuenta a Dios
del daño que me causantes.

Tello　　　　　　　　De Inés vaya, mas ¿de ti?

Leonor　　　　　　　Tú, traidor, fuiste el primero
pintándome caballero
a un ladrón.

Tello　　　　　　　　¿Ladrón?

Leonor　　　　　　　Sí.

Tello	¿Sí? Antes hasta el nombre tiene hurtado.
Leonor	Eso digo yo; que quien hasta el nombre hurtó este nombre le conviene.

Tello	Pues yo tengo imaginado
	que fuera, Leonor discreta,
	mejor para ser poeta,
	porque fuera todo hurtado.
	    Mas sé, que si visto hubieras
	lo que este pobre ha pasado,
	que restituyó lo hurtado,
	y aun lo por hurtar, dijeras.
	    Ha hecho cosas crueles
	consigo, y tanto lloró,
	que pienso que jabonó
	con lágrimas tus papeles.
	    No ha comido ni he podido
	hacer que tome un bizcocho;
	que hoy, Leonor, desde las ocho
	ayuna al partir Cupido.
	    Allá, con razones tibias,
	dice que muere en tu fe,
	por más que le prediqué
	en un púlpito de Esquivias.
	    Cuando vio traer las mulas,
	campanillas de un ausente
	(no sé cómo este accidente
	sin lágrimas disimulas),
	    la manga desabotona
	del jubón y rompe aprisa

la trenza de la camisa.
No de romana matrona,
  sino de Scévola brazo,
toma un cuchillo; yo corro
al socorro y el socorro
se me volvió puntillazo,
  con que dando en un baúl
en esta pierna, al contrario,
un hábito trinitario
traigo entre rojo y azul.
  Luego, por huir, topé
con la esquina de un bufete,
que es bufón que se entremete,
o golpe o estorbo fue,
  y metiome en la barriga
la esquina de tal manera,
que dando pasos afuera
anduve de viga en viga,
  hasta que di sobre un arca,
adonde sin ser yo mona,
haciéndome de corona
vine a quedar por monarca.

Leonor   Y el cuchillo, ¿en qué paró?

Tello   Que, sin mandarlo Avicena,
del corazón en la vena
con la punta se picó.
  Mojó en la sangre una pluma,
y apercibiendo papel,
escribió con ella en él
de sus desdichas la suma.
  Pelícano, en fin, Leonor,
si no cernícalo, ha sido,

	que estoy, por mal prevenido,
	baldado de cazador.
Leonor	Muestra, aquí dice: «Estas son
	hoy de mi fe las postreras
	reliquias». Alma, ¿qué esperas?
	Voy a echarme del balcón.
Inés	¿Señora?
Tello	¡Señora!
Inés	Tente.
Tello	Detente.
Inés	¿Estás loca?
Leonor	Sí.
	Matareme desde aquí
	luego que don Juan se ausente.
	Por eso dile que venga
	a verme, o que muerta soy.
Tello	Espera, yo iré, ya voy.
Leonor	Pues venga, y no se detenga,
	que si en la mula le veo,
	me arrojaré del balcón.
Tello	Caerás en el pozo airón.
Leonor	¿Qué infierno como un deseo?

Tello	¡Oh, Hero, de gran valor! ¡Oh Leandro, que nadando vas en una mula, cuando navegas el mar de amor!

(Vase.)

Inés	Impertinente has estado en este necio coloquio.
Leonor	Pues escucha un soliloquio, de mis desdichas traslado.
Inés	No, por Dios, que son efetos de menos satisfacción y quitarás de invención lo que gastes de concetos. Poco más o menos, sé cuanto me puedes decir.

Salen Don Juan, de camino, y Tello.

Juan	¿Que no me puedo partir?
Tello	Ya no es posible.
Juan	¿Por qué?
Leonor	¡Jesús! ¿Don Juan de camino?
Inés	Desmayose.
Tello	Llega presto.

Juan	Buenas andan mis desdichas, buenos van mis pensamientos. ¡Leonor!, ¡ah, Leonor!
Tello	Muriose.
Juan	¿Cómo muriose? En los cielos (si hay soplo que a tanto baste) se morirá el Sol primero. Aquí, estrellas, que se eclipsa la Luna deste hemisferio. Si soy la tierra, ¡ay de mí!, que vine a ponerme en medio. Aquí, celestiales luces, hermoso planeta Venus, que no habrá amor en el mundo y será su fin más presto. Aquí, polos, que tenéis de los cielos el gobierno, diamantes desenclavados de aquellos dorados techos. Primavera, que se mueren las rosas, acudid presto. Campos, mirad que os espera un luto de eterno invierno. Excelsos montes de nieve ésta falta en vuestros puertos, ¡adónde iréis por blancura que encubra vuestros defetos? Dadme esas manos, mi bien, ¡es posible, hermoso hielo, que no te despierta Fénix, el Sol de mi ardiente fuego? ¡Ay, elementos, haced

llanto! El aire, por su aliento
aromático; las aguas,
por el cristal de su pecho;
la tierra, por tantas flores,
y por tanta luz el fuego
Ea, ¿qué aguardáis? Venid,
Sol, estrellas, Luna, Venus,
polos, montes, nieves, campos,
agua, fuego tierra y vientos.
Pues esto sufrís, cielos,
ya el mundo se acabó, su Sol se ha muerto.

Tello   Nunca te he visto ensartar,
con relámpagos y truenos,
tantos desatinos juntos.

Juan   Pues ¿qué quieres, si no veo
señal de cielo en sus ojos,
señal de azahar en su aliento?
Oh, nunca pasara el mar,
o al través diera mi leño
en la canal de Bahama;
fuérase a pique hasta el centro
el navío en que venimos
sepultara el mar mi cuerpo.

Tello   ¿Y qué hicieran a Leonor
los demás que estaban dentro,
viniendo a lograr a España
sus trabajos y sus pesos?
¡Por Dios, que había de pedir
prestada para aquel tiempo
su ballena al buen Madrid
para meterme en su pecho!

Juan	Quéjate, España, de mí,
	que a Colón he sido opuesto;
	que él trujo a España las Indias
	y yo sin Indias la dejo.
	Aquí la plata y el oro,
	para siempre se perdieron,
	las piedras y los diamantes.
Tello	Ea, di que marineros
	y maestros y pilotos
	aprendan oficios nuevos;
	que buenas quedan las Indias,
	si quedan, por tus enredos,
	sin Cerro de Potosí,
	que vale infinitos pesos.
Juan	Tello, yo no quiero vida;
	yo no quiero vida, Tello.
Tello	Pues, ¿quién te ruega con ello?
Juan	Ya no me queda remedio.
	Pues esto sufrís, cielos,
	ya el mundo se acabó, su Sol se ha muerto.

Leonor vuelve en sí.

Leonor	¿Qué es esto, Inés? ¿Quién da voces?
Inés	Albricias, señor, que ha vuelto
	del desmayo.
Juan	¡Leonor mía!

74

Leonor	¿Quién me llama?
Juan	Ya volvieron el Sol, la aurora y el día cielos, a su ser primero.
Leonor	Atenta, cruel don Juan, a tus engaños, que han hecho sirenas del mar de amor mis desdichas y tu ingenio; no te quise interrumpir, por ver si en tantos enredos hallaba alguna verdad, de tu sentimiento ejemplo. Pero si alguna lo ha sido, ¿qué furia, qué movimiento de tu condición mudable te lleva a matarme, haciendo culpa la firmeza en mí con que te adoro y respeto? Que quien los respetos culpa, no quiere estimar los yerros, porque temerá que se hagan quien se ha de obligar con ellos. No es culpa la que procede de la fuerza, ni yo tengo más ley que tu voluntad, más fe que tu pensamiento. Dime tú, pues que de mí te dio el cielo el mero imperio: «Leonor, en esta desdicha este remedio tenemos»; que si fuere atropellar

vida, honor, hermanos, deudos,
patria, y aun alma, aquí estoy.

Juan   ¿Es eso cierto?

Leonor   Y tan cierto
que no hay a la ejecución
un átomo solo en medio.
Pues dame esa mano, y vamos
donde firme juramento
para siempre nos obligue,
que ya con su manto negro
nos viene a cubrir la noche,
y sin ser vistos podremos
salir, llegar y jurar;
que depositada luego,
en voluntades conformes,
¿qué importan fuerzas ni pleitos?

Leonor   Inés, toma tú mis joyas,
y cuando aquí vuelva Tello
venid entrambos adonde
él te enseñe y yo te espero.
¿Es amor esta locura?
¿Es lealtad este deseo?
¿Es verdad esta fineza?

Juan   Tú, como del alma dueño,
te responde. Tello, vamos,
que esta noche por lo menos
sí se alabare del hurto,
no del prestado silencio,
que entre tanta gente y voces
seguros, señora, iremos,

que lo que suele estorbar,
sirve agora de remedio.
Si dejar por su marido
casa y padre es ley del cielo,
¿a quién ofendo en dejarlo,
pues hoy al cielo obedezco?

Vanse los dos.

Tello   Plegue a Dios que no tengamos
mal San Juan.

Inés   ¡Ay, Tello, temo
la condición de su hermano;
que ser don Juan caballero
de tanto valor, no importa,
pues con este casamiento
el de Blanca queda en blanco;
fuera de no ser bien hecho
sacarle su hermana ansí!

Tello   No quiso hablar mi escarmiento;
que si por lo del cuchillo
me vi entre sus manos muerto,
con esta ocasión ¿qué hiciera?
¡Oh, amantes!: ¿Qué atrevimiento
perdona vuestra locura?
Voy a seguirlos, que pienso
que habrá menester las manos.

Inés   Yo, Tello, entretanto, quiero
sacar joyas y vestidos.

Tello   Yo vendré por ti y por ellos.

Vase Tello. Sale Don Luis dirigiéndose a alguien dentro.

Luis   Di, Fernando, a Marcial que saque el coche
                         porque es breve la noche,
                         y la puedan gozar en Soto o Prado.

Inés (Aparte.)   (Don Luis es éste; toda me ha turbado.)

Luis   Inés, ¿adónde está Leonor, mi hermana?
                         Que querría que fuese por mi esposa
                         para que juntas esta noche hermosa
                         (pues hace competencia al mejor día)
                         comenzasen tan dulce compañía
                         en músicas, en álamos y en fuentes.

Inés   No habéis estado en eso diferentes,
                         que ya, señor, tu pensamiento hurtado
                         por ella fue para llevarla al Prado.

Luis   ¡Oh qué placer me ha hecho, al fin discreta!
                         ¿Qué paz puedo esperar que no prometa
                         anticiparse a visitar a Blanca?
                         Hoy le pienso añadir, con mano franca,
                         dos mil escudos más.

Inés   Eres gallardo.

Luis   Dile, si aquí viniere don Bernardo,
                         que ella y Leonor al Prado juntas fueron,
                         pues tengo por sin duda que se vieron.

Vanse, y salen don Juan, Tello y Leonor, ella con capotillo, sombrero y ena-
guas.

Juan   No fue Paris más contento
a embarcarse para Troya
con aquella griega joya
que yo contigo me siento,
ni de aquel robo violento
de Briseida y Hesión,
Aquiles y Telamón,
ni Saturno con Filira,
ni Neso con Deyanira,
ni con Medea Jasón.
    Que aunque la gloria de verte
en mi poder es tan alta,
que solamente le falta,
bella Leonor, merecerte,
pudiera, a no ser tan fuerte
de tu afición el valor,
que se atreviera al honor;
mas llegar una mujer
a no tener que temer,
pasa a cuanto puede amor.
    Solo me ha causado pena
la confusión de la gente
atrevida e insolente,
que por todas partes suena.
La plaza de luces llena,
¿cómo estará sin testigo
dónde lo es el más amigo?
No sé qué calle seguir;
que mal me puedo encubrir
llevando mi Sol conmigo.

Leonor   Aunque pretende el temor
vencer la dulce osadía

79

de mi amor, con más porfía
vuelve a la batalla amor.
Ya no temo su rigor,
porque llegar a temer
era dejar de querer,
y no quiero yo dejar
de quererte por hallar
disculpa de ser mujer.
    Toda nuestra cobardía
hasta los peligros es,
teme el ser; pero después
se convierte en valentía
en la primer osadía
de una mujer que hoy lloramos,
culpadas todas estamos
mas cuantas después nacimos,
aquel daño que os hicimos
con estos yerros pagamos.
    El que yo contigo espero
como castigo me alcanza,
que nos queréis por venganza
de aquel engaño primero;
pero yo, don Juan, te quiero
(con ánimo de perder
la vida) tanto, que el ser
en hombre viene a mudarse,
porque hasta determinarse
es una mujer mujer.

Tello   En vano el tiempo gastáis
donde el peligro os avisa
que en el espacio a la prisa
vuestro remedio libráis;
ya que en la estacada estáis,

80

vencer importa el morir.

Juan   Cuanto me puedes decir,
            Leonor, de tus obras creo.

Tello   Por esta calle es rodeo,
            por ésta podemos ir.

Juan   Yo pienso que favorece
            la confusión nuestro engaño.

Leonor   Solo el conocerme es daño,
            que en tanto bien me entristece.

Juan   Tanto el alboroto crece,
            que ya parece locura.

Tello   Por eso mismo procura
            tanta dama, tanto coche,
            hacer que tenga esta noche
            por variedad hermosura.

Tres mozos con capas de color, broqueles y espadas: Octavio, Mendoza, y Celio.

Octavio   ¡Bravo altar!

Mendoza   Es muy Bautista
            aquella dama, aunque pasa
            no por desierto su casa,
            según cierto coronista.

Celio   La oración, desa manera,
            no será para casarse.

Octavio	¿No es linda?
Mendoza	Con enmoñarse, siendo otoño es primavera.
Celio	El vestido mucho ayuda.
Mendoza	¿Nunca se ha de desnudar? ¿Ha la de andar a buscar el galán si se desnuda?
Octavio	Notable pontifical en esta edad viene a ser un vestido de mujer.
Celio	No hay en el mundo caudal para chapines y randas, pero todo lo merecen.
Mendoza	Brava guerra nos ofrecen con las celadas y bandas.
Octavio	Allí va cierto gazmonio con su servicio.
Celio	¿De quién?
Octavio	Del diablo.
Celio	Tratalde bien, que puede ser matrimonio.
Mendoza	¿Ah, señor, el de la ninfa?

¿es de Esgueva o Manzanares?

Juan   Calla, Tello, y no respondas.

Tello   No tendrá paciencia un ángel.

Celio   ¿Es alquilada o es propia?

Octavio   ¿Dónde la lleva el bergante?

Mendoza   ¿Cómo no lleva tendidos
los cabellos virginales?
Que crecen mucho esta noche,
según los viejos romances.

Octavio   No es de mal monte la leña,
pues entre dos se reparte.

Celio   ¡Cómo calla el socarrón!

Mendoza   ¿Qué os espantáis de que calle,
si está enseñado a callar?

Tello   ¿Esto quieres tú que pase?

Juan   Calla, Tello.

Tello   Ya no puedo.
Pícaros, si ya vinagres
salís de alguna despensa,
cueros vivos, hombres zaques,
oliendo a tabaco el alma
y las narices a parches,
¡por vida del rey de espadas,

	que si saco la de Juanes
	que ese quedará con vida,
	que huya y que no le alcance!

| Octavio | ¡Oh, qué gracioso mandicho |
| | es el que la lleva y trae! |

| Juan | Tello, ¿estás loco? |

| Tello | ¿Esto sufres? |
| | ¡Afuera! |

| Juan | Voy a ayudarle. |

| Leonor | Detente, don Juan, detente. |

| Juan | Déjame, por Dios. ¡Cobardes, |
| | haced como habláis! |

| Octavio | Justicia |
| | viene. |

| Juan | ¿Ya buscáis achaques? |

Leonor	Triste de mí, ¿qué he de hacer?
	¿Hay desdicha más notable?
	Si me conocen, soy muerta;
	quiero en esta casa entrarme.

Salen alguaciles y gente.

| Alguacil | ¡Téngase al rey! |

| Juan | Los que huyen |

se tengan, que es gente infame;
que yo soy un caballero
que estoy a negocios graves
en la corte, y me quisieron,
con palabras arrogantes
afrentar sin darles causa.

Alguacil   Y él, ¿quién es?

Tello   Soy platicante
de caballero, que ha poco
que navega en estos mares,
¿Salté manda en qué le sirva?

Alguacil   Vengan los dos a la cárcel.

Tello   ¿Cómo a la cárcel?

Juan (Aparte.)   (No veo
a Leonor.)

Tello   ¿Salté no sabe
que es aquesta noche libre?

Alguacil   Allí va el señor Alcalde;
vengan y hablarán con él.

Juan   Vamos, que yo quiero hablarle,
y sabrán vuesas mercedes
la mucha que a mí me hace.

Alguacil   Vengan por aquí.

Juan (Aparte.)   (¡Ay, Leonor!

Luego volveré a buscarte,
si no es tanta mi desdicha
que me detenga o me mate.)

Cuando los van llevando sale Don Pedro y dice a uno dellos.

Pedro   ¡Ah, caballero!, ¿qué es esto?

Escribano   Cuchilladas, disparates
                         de esta noche.

Pedro   ¡Era a mi puerta!

Escribano   ¿Mandáis más?

Pedro   Que Dios os guarde.
                            Cansado de esperarte,
                         hermosa Blanca, de tu calle vengo,
                         y no pudiendo hallarte,
                         apenas alma ni esperanza tengo.
                         ¡Ay Dios!, ¿si te ha forzado
                         tu hermano al casamiento concertado?
                            Es este pensamiento,
                         forzado soy a despedir la vida,
                         que si del casamiento
                         cumpliste la escritura prometida
                         y a la mía faltaste,
                         al umbral de la muerte me dejaste.
                            Música y grita suena;
                         todos se alegran, todos son dichosos;
                         yo, solo, en tanta pena,
                         no puedo alzar los ojos envidiosos;
                         que no hay mayor desdicha
                         que no tener entre dichosos dicha.

Salen con guitarras y sonajas y canten así:

Música   «Salen de Sanlúcar,
rompiendo el agua,
a la Torre del Oro
barcos de plata.
Verdes tienes los ojos,
niña, los jueves,
que si fueran azules,
no fueran verdes.
Salen de Valencia,
noche de San Juan,
dos pescadas saladas
al fresco del mar.»

Éntrense en grito y regocijo, y diga Don Pedro.

Pedro   Envidio el contento y gusto
con que estos cantando van.
¿Que en la noche de San Juan
solo yo tenga disgusto?
Yo solo, amor, siempre injusto,
por tus mudanzas indigno
de tener nombre divino,
dudoso entre el bien y el mal,
del contento general
soy en Madrid peregrino.
 Ya no tengo qué esperar,
que en esta nueva mudanza
aun no quiere la esperanza
acompañar mi pesar.
Ya quiere el alba llorar,
pues ¿qué quieren mis desvelos?

Ya sus cristalinos hielos
ensartan perlas en flores,
o los fingen mis temores,
que vuelven los cielos celos.
    Quiero en mi posada entrar,
aunque sé que no a dormir;
que no haré poco en vivir
si Blanca se ha de casar.
Aquí siento suspirar;
parece en la voz mujer.
¿Si ella vino? Puede ser
que me aguarde con temor.
La honra te vuelvo, amor,
y conozco tu poder.
    ¿Eres tú, mi bien? Pues calla,
no debe de ser. ¿Quién va?

Leonor   Una mujer.

Pedro   Ella es.
¿Ha mucho, mi bien, que estás
esperándome? Perdona,
que con amor pude errar
en ir a buscarte. Dame
los brazos, y entre, que ya
mi casa te espera, dueño.

Leonor   Y yo estaba, de esperar,
sin vida, Teneos, ¡ay, Dios!,
que ni soy la que esperáis
ni vos sois lo que yo espero.

Pedro   Decís muy bien: perdonad.
¿Pero cómo estáis aquí?

Que he venido a recelar
que alguna traición me han hecho.

Leonor   Advertid que os engañáis.
Bien podéis estar seguro
que una airada tempestad
de desdichas me ha traído.
No puedo deciros más.

Pedro   ¿Quién está con vos?

Leonor   Si digo,
señor, quién conmigo está,
no es mucho que imaginéis
el peligro que ignoráis;
porque son tantos mis males,
que por ventura podrán
invisibles basiliscos,
solo mirando matar.
Huid de verme y de hablarme,
que son veneno mortal
los males que fueron bienes.

Pedro   Dejad los ojos, y hablad.

Leonor   Quieren divertir mi pena
con hablar y con llorar,
cual a gusano de seda
en truenos de tempestad,
hacen al alma ruido
porque no sienta mi mal.
Con un caballero, a quien
debo honesta voluntad,
iba de la mano. ¡Ay, triste,

cómo es imposible hallar
a contradicción divina
humana seguridad!
¡Qué fiesta habrá sin desdicha!
¡Qué contento sin azar!
¡Qué gusto sin su enemigo!
¡Qué bien sin dificultad!
Criado y señor parecen,
juntos siempre, el bien y el mal.
Nunca el bien delante viene
sin venir el mal detrás.
Acuchilláronle aquí,
pienso que muerto le habrán
unos hombres que tenían
por alma su necedad.
Es privilegio del vulgo,
en estando junto, hablar
con libertad, e imposible
castigar su libertad.
Aquí me entré de temor,
y cansada de esperar
lloré perderle y perderme,
porque todo ha sido igual.
Pues en el talle y el traje
ser caballero mostráis,
amparad una mujer,
ya por ser este lugar
donde la halláis vuestra casa,
ya porque obligado estáis
a vuestro respeto mismo,
que no le podéis negar,
a título de ser noble,
la obligación natural.

Pedro   Extraña desdicha ha sido
la vuestra; mas puede os dar
consuelo que no es la mía
a la vuestra desigual.
A nuestros perdidos dueños
podemos los dos llorar,
el mío, porque no viene,
y el vuestro, porque se va.
Yo vi llevar unos hombres
presos; pienso que serán
los que decís; buenos iban,
bien os podéis sosegar.
Solo de vos saber quiero
el consejo que tomáis
para que pueda serviros,
que vuestro término da,
traje y discreción, indicios
de ser mujer principal.
Mirad si os está mejor
que a vuestra casa volváis,
o queréis que venga el día
si tenéis peligro allá;
pues no es posible que tarde,
que ya parece que dan
de la risa del aurora
aquellas nubes señal.
Y parece que los montes
lo verde argentando están
por la espalda de la noche
líneas de plata oriental.
Aquí tendréis aposento,
criadas honradas hay;
mozo soy, no soy casado,
no habrá celos, no temáis;

aun no he vendido lo libre,
si bien lo quise emplear
en este bien que me falta.
Dios sabe si volverá.
Yo iré a la cárcel mañana
a saber de ese galán,
tan dichoso como yo,
si perdió lo que lloráis;
que por la misma fortuna
bien nos podemos juntar,
pues caminos y desdichas
siempre hicieron amistad.

Leonor   Aquí será bien quedarme,
si vos licencia me dais,
hasta que sepáis mañana
si fue mi temor verdad.
Que cuando sepáis quién soy,
mi nombre y mi calidad
(que agora es fuerza encubriros),
yo sé que no os pesará
de haberme dado favor.

Pedro   Bastantes indicios dais.
Caballero soy, segura
vuestro honor podéis fiar
de mi nobleza y mi celo.

Leonor   Conozco la voluntad
con que ayudáis mi fortuna
y mi temor animáis.

Pedro   Extrañas cosas suceden
una noche de San Juan.

Leonor (Aparte.)   (¡Ay, don Juan!)

Pedro (Aparte.)   (¡Ay, Blanca! ¡Ay, cielos!
¿Cómo es posible esperar
que amanezca con más bien
quien anochece tan mal?)

Fin de la segunda jornada

Jornada tercera

Salen Don Juan y Tello con las espadas en las manos.

Juan   ¿Qué no podrá el dinero?

Tello   Gran fuerza tiene el oro.

Juan   Es caballero.

Tello   Y hijo de buen padre,
                                pues que le engendra el Sol; que humilde madre
                                nunca fue de importancia.

Juan   Toda aquella arrogancia
                                templaron veinte escudos.

Tello   Buenos amigos son, negocian mudos.

Juan   Qué mal San Juan tuviera estando preso
                                y de Leonor temiendo un mal suceso.

Tello   Aun no sabes lo que es en una estufa
                                pulgas de por San Juan; no hay catalufa
                                como ponen un cuerpo desdichado
                                todo de tomadillos perfilado;
                                pues chinches, gente sorda,
                                que a nubarrones la pespunta y borda.

Juan   Aquí quedó Leonor.

Tello   No hay puerta abierta,
                                que aun el alba bosteza y no despierta.

Juan	Entra en ese portal.
Tello	No hay más.
Juan	¿Qué aguardas?
Tello	Cuatro mil escopetas y alabardas son menester para un portal de noche; deja que pase este cantante coche.
Juan	Música lleva al Prado.
Tello	Los tres parecen gatos en tejado.
Juan	Conozco aquel romance y quien le hizo.
Tello	El tiplazo es lechón con romadizo.
Juan	Serenos de Madrid causan catarro.
Tello	El bajo ha sido jarro y agora tiene muermo, la tercera cruel canta de enfermo.
Juan	Vuelve a mirar, que ya pasaron; mira si habla, si suspira, que estoy perdiendo el seso.
Tello	Si Leonor presumió que estabas preso, sola se volvería.
Juan	¡Ay, dulce prenda mía! ¿Qué le habrá sucedido? Si a su casa volvió, yo soy perdido.

Tello   En todo esto no veo
sino sombras, señor, de tu deseo.

Juan   ¡Ay, infeliz de mí! Que el bien tenía,
y como quien dormía
y soñaba tesoro,
que las manos bañó de plata y oro,
siendo fingidas sombras los diamantes,
que al aurora volaron inconstantes,
y despertó al ruido
o el propio nombre le tocó el oído;
así me siento, y solo y triste veo
la burla de mi amor y mi deseo;
que dicha en desdichado
es sueño que nació de bien pasado,
que lo que vio de día
de noche le pintó la fantasía.

Tello   Ya, ¿qué piensas hacer?

Juan   Morirme, Tello.

Tello   Eso es muy bueno para dicho; hacello
es muy dificultoso.

Juan   ¿Qué gente es ésta?

Tello   Estruendo bullicioso
de gente que no ayuna
del gran Profeta a la bendita cuna;
pues como hablaba, mudo, Zacarías,
todos quieren hablar en tales días.

Salgan por una puerta Fabio, Leandro, y Fenisa, de noche de San Juan, y por otra Leonardo y Rodrigo, guarnecidos los sombreros y ferreruelos de fajas de papel, y Lucrecia, dama.

Lucrecia	Las vayas han de ser sin pesadumbre.
Fenisa	Este día, señores, es costumbre alegrarse no más y no enojarse.
Leandro	Para reñir, mejor es acostarse.
Leonardo	No te enojes, que es uso de la Corte; si no te han dicho cosa que te importe.
Lucrecia	¿Qué había de decirme aquella dama, si sabe que sé yo cómo se llama?
Fabio	Buena invención la de la plata.
Leandro	Buena, con el papel, que más que plata suena; que ya vale el papel como la plata; tanto gastan procesos y poetas, que libranzas, por Dios, que andan secretas.
Fabio	Uno conocí yo, y era tan franco, que trocaba lo escrito por lo blanco; pero no pudo hallar quién lo trocase.
Fenisa	¡Que noche de San Juan se empapelase y viniese, atrevido, de ciruela de Génova vestido un hombre con sus barbas y bigotes!

Tello	Al Prado van los dichos matalotes.
Rodrigo	Oyen, señores míos, poco a poco, que me voy enojando, y pico en loco.
Fabio	Pues conmigo te metes figura guarnecida de cohetes.
Rodrigo	Pues lacayo que jura de cochero y consultado está de despensero, dos cosas más corrientes estos días que testimonios y mentiras frías, caballero te finges, disfrazado?
Leandro	¡Oh qué lindo borrego trasquilado!
Juan	Llega, Tello. ¿Qué aguardas?
Tello	Caballeros, ¿han visto cierta dama, cuyas señas son capotillo y plumas y buen aire, que dejaron aquí sus escuderos por ver una pendencia?
Rodrigo	¡Qué donaire! ¿Fueran más frías dos cansadas dueñas con sus antojos, tocas y rosario? Pues hombre que pregona letuario más súbito que copla de repente. ¿Tú vienes a dar cómo a tanta gente?
Tello	De veras hablo y con disgusto vengo, que no soy hombre que ese oficio tengo.

Lucrecia	Quedo, que ya está el cómo declarado.
	Su matrimonio trascartón le ha dado;
	señor mío, si habló con cerbatana,
	en la parroquia la hallará mañana
	colgada de la pila, como llave,
	si el médico de Cádiz no lo sabe;
	que con sus almanaques
	dice que habrá pescado en los Alfaques,
	y los vende firmados,
	que dice que hay pronósticos hurtados.

Leonardo   Jure de gamo.

Fabio   Jure de venado.

Tello   Hidalgos, bueno está, quedo, con tiento.

Rodrigo   ¿Valiente? ¡Oh qué gracioso disparate!

Fabio   Contradicción implica.

Lucrecia   No se trate
desta materia más; vamos al Prado.

Leandro   Jure de gamo.

Fabio   Jure de venado.

Dándole grita, se entren.

Tello   ¿No has escuchado la grita?

Juan   Estoy por desesperarme;
todo es perderme y matarme

cuanto mi amor solicita.
Tello, tú fuiste la culpa
de aquella injusta prisión,
que ayudarte en la cuestión
fue de mi culpa disculpa.
¿Qué importa noche como ésta
sufrir disparates locos?

Tello   Fueron muchos, que a ser pocos
yo los pasara por fiesta.
Aquí no hay más que esperar,
si a casa volvió Leonor.

Juan   Que aun el día (¡oh gran rigor!)
no me ha venido a ayudar.
Algún amante que tiene
en brazos el bien que adora
detiene, Tello, al aurora
con hechizos, pues no viene.
Que habiendo, a mi parecer,
o a mi amor se lo parece,
dos mil años que amanece,
no acaba de amanecer.

Tello   Estar aquí no es partido,
que no es aguja Leonor
para buscarla, señor,
donde la habemos perdido.
Vamos a casa, que creo
que allí la habemos de hallar.

Juan   ¿Quién podrá, Tello, esperar
los años de su deseo?

Tello	Un hombre sale, señor, de aquella casa de enfrente.
Juan	No habrá cosa que no intente por templar mi loco amor.

Sale don Pedro.

Pedro	Sueño que fuiste como dulce empeño,
	de los cuidados que tu sombra asiste,
	¿Cómo para cuidados, sueño fuiste,
	si nunca diste a los cuidados sueño?
	    Tú, que de cuanto vive, fácil dueño,
	las mayores tristezas suspendiste,
	¿por qué me dejas desvelar de triste
	sin ver mis ojos tu sabroso ceño?
	    ¡Oh muerte mentirosa en perezosos
	y muerte verdadera en desvelados!;
	bien podemos llamarte los quejosos
	    amigo falso que huye en los cuidados,
	pues te vas a dormir con los dichosos
	y dejas desvelar los desdichados.

Juan	Déjame que le hable yo, que tu poca dicha tienes, que puede ser que haya visto a Leonor.
Tello	¡Qué yerro emprendes!
Pedro	Dos hombres he visto allí; gente segura parece; si requiebran en la calle, saber por ventura pueden

102

si Blanca ha llegado aquí.
¡Ah, caballeros! no tienten
vuesas mercedes la espada;
de paz soy, seguros lleguen.

Juan   Antes hablaros quería
por vecino, cortésmente,
desta calle.

Pedro   Y yo, señor,
por si acaso os entretiene
alguna destas ventanas,
cuyos dueños lo merecen.
Aguardo desde las diez
cierta dama, y como duerme
tan mal amor, me he vestido;
como si el aire pudiese
templar imaginaciones,
aunque se templase en nieve.
Suplicoos que me digáis
si la habéis visto, que suelen
volverse cuando hay testigos,
porque la busque y no espere,
y por despejar la calle
si os hago estorbo.

Juan (Aparte.)   (¡Que encuentre
un mismo amor dos cuidados!
Fábula, por Dios, parece.)
A preguntaros lo mismo
una desgracia me atreve,
que acuchillando unos hombres
perdí una dama, en que pierden
tanto mi vida y mi honor

103

que uno acaba y otro muere.
No he visto lo que esperáis,
de que es justo que me pese;
si lo que espero habéis visto,
oíd las señas que tiene.

Pedro   No hay para qué las digáis.
(Aparte.)   (Hermano o marido es éste;
la mujer peligro corre;
discreción será que niegue.)
Caballero, yo quisiera
que en esta ocasión presente
fuéramos los dos dichosos
y que con palabras breves
diéramos el uno al otro
de lo que buscando viene
las nuevas y las albricias.

Juan   Dios os guarde y os consuele.

Pedro   Dios os consuele y os guarde.

Juan   Vamos, Tello, que mi muerte
es imposible excusarse.

Tello   Cuando, solícito, quieres
saber, señor, de tu dama,
bella Leonor, ángel, fénix,
este socarrón amante,
muy necio e impertinente,
te pregunta por la suya;
mala noche de mujeres;
menester es pregonallas.

Juan	Pues diga amor, quién supiere
	de Leonor, de la hermosura,
	del Sol, del ave celeste,
	de la discreción más rara,
	del gusto más excelente,
	del mejor despejo y brío
	que hoy en la corte se prende.
	Con cuyo pie de tres puntos
	cuantas han nacido mienten
	vuélvala luego a su dueño,
	que si a su dueño la vuelve
	le darán de albricias almas.

Tello	Buenas nuevas si las creen;
	pero solo te suplico,
	porque las señas no yerren,
	que a los tres puntos del pie
	añadas siquiera siete.

| Juan | ¿Agora donaires, Tello? |

| Tello | Perdona. |

Juan	¡Cielos, tenedme!;
	que en hallarla o no la hallar
	están mi vida o mi muerte.

Vanse don Juan y Tello.

Pedro	Qué yerro pudiera ser
	si éste, como he sospechado,
	es marido que hacia el Prado
	topó su propia mujer,
	que llevaba algún galán,

y entonces le acuchilló,
dársela, muy necio yo.
Mejor sin ella se van
    hasta que mañana el día
me diga lo que he de hacer.

Salen Doña Blanca y Antonia con rebozos y sombreros.

Antonia   El porfiar es vencer.

Blanca   Grande ha sido mi osadía.
                    ¿No había de estar aquí
                    agora don Pedro?

Antonia   ¿Quieres
                    que llame?

Blanca   Sí.

Pedro   Dos mujeres,
                    (¡ay, cielos!), vienen allí.
                    Ellas son. ¡Blanca!

Blanca   ¡Señor?

Pedro   ¡Cómo me has tenido en calma,
                    que en ir y venir el alma
                    está sin pulsos amor!
                        Mas como cierra la rosa
                    a la noche el tornasol
                    y después saliendo el Sol
                    vuelve a salir más hermosa,
                        así yo de tu presencia,
                    Blanca, al aurora salí

con la vida que perdí
en la noche de tu ausencia.
¿Dónde has estado? ¿Qué has hecho?

Blanca   Al instante que salía,
dándome amor osadía
alma de mi tierno pecho,
    dos amigas en su coche
me hicieron por fuerza entrar,
donde más que pasear
fue llorar toda la noche.
    Volví tarde, donde hallé
que mi hermano, alborotado,
con don Luis me había buscado;
tu cuidado imaginé,
    y con ánimo de quien
no tiene más bien que a ti,
segunda vez lo emprendí,
y al fin me ha salido bien.

Pedro   No es hora, señora mía,
de pleitos ni de escrituras;
entrad a esperar seguras
este perezoso día,
    que tiene dentro de sí
más años que el mundo tiene.

Blanca   Mi honor a tus manos viene.

Pedro   Ese mismo es alma en mí.

Antonia   Mira lo que haces, señora.

Blanca   Antonia, si una mujer

| | no se dejase vencer, |
| | ¿quién puede? |

| Antonia | Un hombre que llora. |

| Blanca | Yo conozco mi firmeza. |

Antonia	Tú saldrás desa fatiga
	las manos en la barriga
	como otros en la cabeza.

Vanse. Doña Leonor se pone en lo alto.

Leonor	Salid por este balcón,
	pues que no salís del pecho,
	llamas de amor, que habéis hecho
	incendio mi corazón;
	respire como infición
	este aposento, y no impida
	que viva el alma encendida;
	dad lugar a las que quedan
	para que las otras puedan
	ir conservando la vida.
	¿Qué pajarillo el olvido
	de la noche así culpó
	cuando el aurora esperó
	sobre las pajas del nido?
	¿Qué caminante perdido?
	¿Qué marinero turbado,
	qué desabrido casado
	más tarde la vino a ver
	durmiendo de su mujer
	en la galera forzado?
	Qué poca dicha, don Juan,

tuvo contigo mi amor,
si bien a mi ciego error
culpa mis desdichas dan.
Preso estás, a verte van
mis suspiros, mientras sigo
tu prisión; permite, amigo,
que allá se queden en ti;
porque no haya cosa en mí
que no esté presa contigo.

Tres caballeros, de noche: Don Alonso, Don Félix, y Don Toribio.

Alonso   ¡Qué necio ha estado el Prado!

Félix   Tan pícaro sin olmos ha quedado
                            que nadie acierta a hablar por descubierto.

Toribio   De los bailes, don Félix, vengo muerto.

Alonso   Tristes danzas de España, ya murieron.

Félix   Dios las perdone, gente honrada fueron.

Toribio   ¿Qué se hicieron gallardas y pavanas,
                            pomposas como el nombre, y cortesanas?

Alonso   Ya se metieron monjas.

Félix   Cosa extraña
                            que ya todas las danzas en España
                            se han reducido a zápiro y a zépiro,
                            a zípiro y a ñápiro.

Alonso   Por Dios, que es gran donaire,

no tenéis que decir.

Félix   Sí, pero el aire,
la gala y bizarría
con que el mayor señor danzar podía
y los pies de gibaos,
y alemanas y brandos en saraos,
¿por qué se han de dejar de todo punto?

Alonso   Hermano, porque todo el mundo junto
se vuelve ya, como el vestido, viejo;
lo de atrás adelante.

Félix   Mal consejo.

Alonso   La novedad, don Félix, siempre agrada,
sea en razón o en sinrazón fundada.
Mirad que aun la poesía
no habla ya la lengua que solía.
¿No habéis visto la máquina estrellada
cuando la noche muda y enlutada,
natural de Chinchón y de pulgares,
teñidos con hollín los aladares
saca medio dormida el negro coche?
¿No habéis visto en las manos de la noche
el nuevo infante día
nacer dando alegría
a las aguas y flores?
¿No habéis visto después cantar amores
los dulces pajarillos
al esconderse los armados grillos
entre los alcázares?
¿No habéis visto con naguas las mujeres
sin anchos verdugados y abaninos

y los chapines de bordados finos,
que fueron en sus madres de badana?
¿No habéis visto espumosa la mar cana
sorberse naves como huevos frescos?
¿No habéis visto en jubones y griqüescos
tanto algodón que aun el andar reporta?
Pues si no lo habéis visto, poco importa.

Félix   ¡Qué notable frialdad!

Alonso   Usase ahora.

Félix   ¿No veis que allí suspira cierta mora?

Toribio   Sin duda es Melisendra, caballeros,
que aguarda a don Gaiferos.

Alonso   ¡Oh tú, doncellidama,
si sales a saber cómo se llama
el que ha de ser tu esposo
y la oración has hecho al glorioso
Bautista, santo de profeta palma,
sábete que ha de ser Juan de buen alma,
y que por lo agarrado
primero que Mendoza será Hurtado!

Échele una cadena.

Leonor   Pues tome por la nueva esa cadena.

Alonso   Hola, don Félix; ¡vive Dios! que es buena,
que pesa y huele al oro y no [es] azófar.

Toribio   ¡Peregrino suceso!

Félix	Mostrad. ¡Buena, por Dios!, dícelo el peso.
Alonso	Métase el alba y llore allá su aljófar, que se deshace en flores y azucenas.
Félix	¡Oh, aurora, lloradora de cadenas! Si acaso no eres duende y es mañana carbón cuando la vende.
Leonor	No hará, que me ha tocado en lo vivo del alma, aquello Hurtado.
Alonso	¿Y el Juan también?
Leonor	No sé; váyase ahora, que hay peligro en la calle.
Alonso	Adiós, señora.
Toribio	El médico de Cádiz no dijera con su firme pronóstico que fuera más verdadero que éste.
Alonso	Vuesa merced se acueste en sábanas de Holanda, que yo me voy a hacer la zarabanda. Y tantos eslabones como tiene esta cadena el buen Hurtado pene años en que la sirva y la requiebre.
Toribio	Mas que nos ha de dar gato por liebre.
Alonso	Así se le volvieran, y tan buenas,

a la cárcel de corte las cadenas.

Vanse. Salgan Doña Blanca, Don Pedro y Antonia.

Pedro   Detente, señora mía.

Blanca   ¿Que me detenga? Ya es tarde.
¿Para tales sinrazones,
vil caballero, me traes
con tanto engaño a tu casa?

Pedro   Plega al cielo que me mate
un rayo si tengo culpa.

Leonor (Aparte.)   Aquel caballero sale
con una dama riñendo;
atenta quiero escucharle;
por dicha tengo la culpa.

Blanca   Persuadirme, ingrato, es darme
más pena de la que tengo.
¿Era yo mujer infame,
que teniendo en casa amiga,
con engaños semejantes,
con lágrimas, con papeles,
con finezas, con jurarme
que era de tu pecho el alma
y de tus venas la sangre,
me obliga a que tan loca
hermano tan noble trate
con término tan indigno
de mujeres principales?
No importa, que al fin, ingrato,
no tienes de qué alabarte,

que el honor que no ha caído
es fácil de levantarse.
Sola una mano me debes
sobre juramentos graves,
y yo tengo quien me vengue
si no tuve quien me guarde.
¿Tú caballero? ¿Tú noble?

Pedro   Señora, mientras no amaines
las lágrimas y las voces,
¿cómo puedo asegurarte
de que no he faltado un punto
a obligaciones tan grandes?
Oye, por Dios, advirtiendo
que no pudiera un alarbe
hacer la maldad que dices.

Blanca   ¿Pues yo no sentí quejarse
y llorar una mujer
otro aposento adelante
de donde la cama tienes?
¿Pueden ser quejas iguales
sino de tales traiciones?
Que no es justo que se llamen
celos tan viles desprecios,
que celos, aunque mortales,
son de lo que se imagina,
que no de lo que se sabe.
Demás de que ya me ha visto;
pero porque no la mates,
por los suspiros me escribe
su desdicha y tus maldades.
Y plegue a Dios que no sea
mujer propia que te canse,

si puede haber en el mundo
tiranos que así las traten.

Pedro   Señora, negar no puedo
que como yo te esperase,
siglos haciendo las horas,
años los breves instantes,
esta mujer escondida
hallé, saliendo a buscarte,
en lo escuro desta puerta;
pidiome, que la amparase;
es mujer, soy hombre, pudo
lastimarme y obligarme.
Yo no sé si es la ocasión
marido, galán o padre;
ella nos dirá el suceso
y podrá desengañarte.
Que mal pudiera ser yo
villano e inexorable
a lágrimas de mujer,
y más si de causa nacen
como la que miro en ti,
fuera de ser como un ángel,
que si llorando una fea
no hay lástima que no cause,
¿qué hará una mujer hermosa,
que parece que se caen
de dos estrellas del cielo
sobre claveles, cristales?

Blanca   ¡Oh qué extremada pintura!
¿No pudiera retratarse
esta mujer sin claveles?
Parece que versos haces.

¿Un ángel a tales horas
quieres, don Pedro, que hable?
Para tales jerarquías
es muy humilde mi traje;
ireme a mi casa agora
y mañana por la tarde
vendré a hacerle una visita.

Pedro   Debes de querer matarme.

Blanca   Tú entretanto será justo
que consueles y regales
ángel de tales claveles.

Pedro   Mátame bien, no te canses.

Blanca   Muy santo debes de ser,
reliquias pueden cortarte,
pues ángeles te visitan.

Pedro   Ahora bien, entra y no aguardes
a que siendo ya de día
alguna persona pase
que te conozca.

Blanca   ¿Estas loco?
¿Yo entrar, yo verte, yo hablarte?

Pedro   Mira que yerras en esto.
Pues primero que te cases
me pides injustos celos,
conque puedo imaginarte
de condición insufrible.

Blanca	No hayas miedo que te enfade. Queda con Dios.
Pedro	No seas necia.
Blanca	Voy a que alguno me ampare, aunque sin ser ángel llore sobre claveles cristales.
Leonor	¡Ah, dama, señora; ah, reina!
Blanca	¿Quién es?
Leonor	Quien no es bien que cause injustamente estos celos entre tan firmes amantes. Hacedme merced de entrar, porque no por ampararme es bien que ese caballero os pierda; entrad y escuchadme.
Blanca	Desde ese balcón podréis decir quién y qué os trae a tal hora y en tal noche.
Leonor	Obligareisme a que baje, porque no son mis desdichas para echadas en la calle. Entrad y sabréis quién soy.
Blanca	Vuestro término es bastante a vencerme; voy a oíros.
Pedro	Quieran los cielos que baste;

porque en dando una mujer
en celosos disparates,
hará verdades mentiras
y hará mentiras verdades.

Vanse. Salen don Luis, don Bernardo y criados.

Luis   No hay sitio, no hay señal, prado ni río
que déllas tenga ni señal ni nueva.

Bernardo   Buscarlas me parece desvarío.

Luis   ¡Que a darme tal pesar Leonor se atreva!
Corrido voy del pensamiento mío,
que de uno en otro a tal rigor me lleva,
que os dije la sospecha que tenía.

Bernardo   No estoy muy lejos de decir la mía.

Luis   Como yo vi que de camino andaba
el indiano don Juan, diome cuidado,
creyendo que Leonor se le inclinaba;
engaño de mis celos fabricado
que, como vistes, en su casa estaba
de mi ofendido honor tan descuidado,
que apenas le llamé cuando me abrieron.

Bernardo   Sospechas de don Juan injustas fueron.
Yo soy su amigo, y si a Leonor quisiera,
cuando le dije yo que la quería
lo mismo en confianza me dijera
y desistiera yo de mi porfía;
como la vuestra mi sospecha fuera;
pero presumo que es verdad la mía.

Luis	Pues vos ¿qué sospecháis?

Bernardo
      Un pensamiento
que a Blanca pudo dar atrevimiento.
   Hay en este lugar un caballero,
que ha venido a negocios de Navarra
entendido, galán y lisonjero;
persona, en fin, para querer, bizarra.
No ya libre navío del mar fiero
de Sanlúcar pasó la estrecha barra
con más banderas, que le sirven de alas,
que él por mi calle con diversas galas.
   Hallele hablando con mi hermana un día
y díjome, turbado, que informado
de que presto a Sevilla me volvía,
estaba de mi casa aficionado.
Pienso, don Luis, que la verdad decía;
pero dándome celos su cuidado,
me informé de su casa, por si acaso
tantos paseos no mudaban paso.
   Esta que veis, don Luis, es su posada.

Luis
   Sí; pero ¡de qué sirve haber creído
esa imaginación solo fundada
en verle en vuestra calle divertido!

Bernardo
   ¿Vos no buscaste a don Juan, la espada
celosa del agravio y prevenido
el ánimo a matarle? Pues yo quiero
buscar este navarro caballero.
   Que como imaginaste que podía
a Sevilla llevarse vuestra hermana,
a Pamplona podrá llevar la mía,

si no me sale la esperanza vana.

Luis   Pues qué, ¿pensaisle hablar?

Bernardo   Eso querría.

Luis   ¿En qué ocasión?

Bernardo   Con que se va mañana
y que estoy desta casa aficionado.

Luis   Pensémoslo mejor.

Bernardo   Ya lo he pensado.

Pónense a hablar los dos, y entran don Juan y Tello.

Juan   Desde que don Luis me habló
con don Bernardo en mi casa,
Tello, los vengo siguiendo
y que viniesen me espanta
adonde perdí a Leonor.

Tello   ¿Cómo ya saben que falta,
pues a su casa no ha vuelto,
ni menos salió con Blanca?
Alguien que lo vio lo ha dicho.

Juan   Vive Dios, que más extraña
confusión no ha sucedido
a hombre, y que se me acaba
la paciencia imaginando
que puedan desdichas tantas
caber en sola una noche.

Tello	Si estuvieran acabadas, menos mal hubiera sido.
Juan	No cuenta cosas tan varias de Clariquea, Heliodoro. Las de Teágenes pasan en años, pero las mías en una noche.
Tello	No hagas exclamaciones, que pueden oírte.
Luis	¡Oh leyes humanas e inhumanas! Que a los hombres nos toque, por muchas causas, el servir a las mujeres, el acudir a las galas (que es lo que ellas más estiman), el sustentarlas, el darlas hasta la sangre y la vida y algunas veces el alma, está bien; dellas nacimos, que ya con esto se paga; pero ¡que el mundo haya puesto nuestra honra, nuestra fama y autoridad en sus manos...!
Bernardo	Como por las calles anda tanta gente, ¿en ciertos hombres que nos siguen, no reparas?
Luis	Bien dices. ¡Ah, caballeros!

¿Quiérennos algo? ¡No hablan?

Juan   Don Juan soy.

Bernardo   ¿Vos nos seguís?

Juan   Desde que me habló en mi casa,
                       don Luis, sospeché que andáis
                       de pesadumbre, y la espada
                       es en los hombres de bien
                       para defender la causa,
                       después de la fe y del rey,
                       del amigo y de la patria.
                       No quiero saber lo que es,
                       sino que a serviros salga;
                       que no sufre la que es noble
                       estar ociosa en la vaina.

Bernardo   Sois bien nacido en efeto;
                       merecéis que el rey os haga
                       la merced que le pedís,
                       y si fuere de importancia
                       nos la haréis, como habéis dicho.
                       Yo llamo en aquesta casa,
                       donde pienso que ha de estar
                       cierta prenda que me falta.

Juan   Tello, don Bernardo busca
                       a Leonor; gran mal me aguarda;
                       mala noche de San Juan.

Tello   Peor será la mañana.

Sale Don Pedro.

Pedro	No he visto venir el día
	con tantas voces. ¿Quién llama?
	Justicia es ésta. ¿Quién es?
	El amparar esta dama
	me ha de costar pesadumbre
	si ha de resultar en Blanca.
Luis	Dejádmele hablar a mí.
	Caballero, dos palabras.
Pedro	¿Qué me mandáis en que os sirva?
Luis	Esta noche, de una casa
	principal, falta a su dueño,
	no digo su honor, su hermana,
	y se sabe que está aquí.
	Toda esta gente embozada
	es justicia; vos podéis
	seguro manifestarla
	de que no os harán agravio;
	donde no...
Pedro	Señores, basta;
	así es verdad que la tengo,
	que aquí llegó lastimada,
	como mujer a quien suelen
	suceder tales desgracias.
	Dila el favor que era justo.
	Yo voy por ella.
Vase.	
Luis	Obligada

dejaréis su casa y deudos
por defensor de su fama.
Aquí está Blanca, Bernardo.

Juan   ¿Luego buscaban a Blanca?

Tello   ¿No lo ves? Menos desdicha,
pues que no podrán casarla
con don Bernardo a Leonor.

Bernardo   Pensando estoy con qué traza
salga yo de aquí con honra.

Luis   No lo penséis sin hablarla,
porque su lengua ha de ser
o el remedio o la venganza.

Salen Don Pedro y Leonor.

Pedro   Señora, salir es fuerza;
que si pudiera excusarla,
yo os sirviera; mas no puedo.

Leonor   Si no es quien pienso, me aguarda
la muerte; pero ¿qué importa,
si mis desdichas se acaban?

Pedro   La dama es ésta, señores.

Bernardo   Esta no es Blanca, mi hermana.

Luis   ¿Pues quién?

Bernardo   La vuestra.

Luis	¡Leonor!
Bernardo	La misma.
Luis	¿Pues cómo estabas en esta casa?
Leonor	Salimos yo y Blanca con otras damas al Prado, y como estas noches tantos desatinos pasan, unos hombres descorteses, con poco honestas palabras nos daban grita, a quien otros hicieron con las espadas callar bien a costa suya. Yo y Blanca entonces, turbadas, a este hidalgo le pedimos nos escondiese en su casa, porque a las demás del coche presas pienso que llevaba la justicia.
Bernardo	Desa suerte, ¿aquí también está Blanca?
Leonor	Sí, señor.
Luis	Notable dicha. Señor, decilda que salga, porque esa dama es mi esposa.
Pedro	Si ella lo dice, eso basta,

que ya sale, y yo a su gusto
no replicaré palabra.

Doña Blanca y Antonia salen.

Blanca   Pues ya Leonor os ha dicho,
                          señores, nuestra jornada,
                          yo no tengo que añadir
                          sino solo que deis gracias
                          a este noble caballero.

Juan   Tello, de la lengua al alma
                          anda mi amor dando voces,
                          aunque parece que calla.

Tello   Como la gloria en el fin
                          siempre dicen que se canta,
                          aquí se llora el peligro.

Luis   Solo falta que casadas
                          queden las dos, ya que el cielo
                          favoreció nuestra causa;
                          no aguardemos otra noche
                          de San Juan, que la pasada
                          nos podrá servir de ejemplo.

Bernardo   Dad vos la mano a mi hermana,
                          que yo la daré a la vuestra.

Leonor   Las mujeres no se casan
                          dos veces, vivos sus dueños,
                          aunque suelen tener causa,
                          si no es aquellas que quieren
                          ser dos veces desdichadas.

Luis   Leonor, ¿qué dices?

Tello   Don Juan,
¿qué estás mirando? ¿Qué aguardas?
Mira que dan a Leonor;
di que es tuya, llega y habla.
¿Quieres tú que te la metan
con una cuchar de plata
dentro de la boca?

Juan   Amor,
señores, cuya tirana
fuerza...

Tello   Qué entrada tan necia.
Tiembla el mundo y llora España.

Juan   Comunicando diez meses
con doña Leonor gallarda
por las ventanas los ojos,
por los papeles las almas,
me dio de su voluntad
(cuando más rendido estaba)
victoria; con que os he dicho
que está conmigo casada.
Ya sabéis los dos quién soy.

Bernardo   Don Juan, mi amistad se agravia,
no de querer a Leonor,
mas de no decir que estaban
en estado vuestros pechos,
que la pretensión dejara
desistiendo de la empresa,

aunque con menos ventaja,
pues hoy doy la posesión
y allí os diera la esperanza;
dalde la mano, y así
con don Luis se casa Blanca,
que aunque se rompa el concierto,
mejor estará empleada
en vos que en mí.

Luis   Yo agradezco,
don Bernardo, por tres causas
esas razones: por mí,
por don Juan y por mi hermana;
pero pues vos no os casáis,
y en esto el concierto falta,
ni yo es justo que me case,
sino que halle en esta casa
Blanca en don Pedro marido,
que la relación pasada
que me hiciste de los celos
y el hallarla aquí me mandan
que se la dé con mi gusto.

Pedro   Con la misma confianza
estuve siempre.

Juan   Yo soy
de Leonor.

Pedro   Yo soy de Blanca.

Tello   ¿Y yo de quién soy?

Pedro   De Antonia.

Aquí la comedia acaba
de la noche de San Juan,
que si el arte se dilata
a darle por sus preceptos
al poeta, de distancia,
por favor, veinticuatro horas,
ésta en menos de diez pasa.

Fin de la comedia

Libros a la carta

A la carta es un servicio especializado para
empresas,
librerías,
bibliotecas,
editoriales
y centros de enseñanza;
y permite confeccionar libros que, por su formato y concepción, sirven a los propósitos más específicos de estas instituciones.

Las empresas nos encargan ediciones personalizadas para marketing editorial o para regalos institucionales. Y los interesados solicitan, a título personal, ediciones antiguas, o no disponibles en el mercado; y las acompañan con notas y comentarios críticos.

Las ediciones tienen como apoyo un libro de estilo con todo tipo de referencias sobre los criterios de tratamiento tipográfico aplicados a nuestros libros que puede ser consultado en Linkgua-ediciones.com.

Linkgua edita por encargo diferentes versiones de una misma obra con distintos tratamientos ortotipográficos (actualizaciones de carácter divulgativo de un clásico, o versiones estrictamente fieles a la edición original de referencia). Este servicio de ediciones a la carta le permitirá, si usted se dedica a la enseñanza, tener una forma de hacer pública su interpretación de un texto y, sobre una versión digitalizada «base», usted podrá introducir interpretaciones del texto fuente. Es un tópico que los profesores denuncien en clase los desmanes de una edición, o vayan comentando errores de interpretación de un texto y esta es una solución útil a esa necesidad del mundo académico.

Asimismo publicamos de manera sistemática, en un mismo catálogo, tesis doctorales y actas de congresos académicos, que son distribuidas a través de nuestra Web.

El servicio de «libros a la carta» funciona de dos formas.

1. Tenemos un fondo de libros digitalizados que usted puede personalizar en tiradas de al menos cinco ejemplares. Estas personalizaciones pueden ser de todo tipo: añadir notas de clase para uso de un grupo de estudiantes, introducir logos corporativos para uso con fines de marketing empresarial, etc. etc.

2. Buscamos libros descatalogados de otras editoriales y los reeditamos en tiradas cortas a petición de un cliente.